学术近知丛书·哲学与社会学系列

本书系吉林省社科基金项目
"心理主义视阈下奎因语言哲学思想研究"（编号：2019B1742）的最终成果。

奎因语言哲学思想研究：自然主义视角

A Study of Quine's Philosophy of Language from Naturalistic Perspective

陈劲松 著

人民出版社

目　录

导　论

　　作为 20 世纪的哲学家,奎因①(Willard Van Orman Quine)在哲学和语言学上作出了巨大贡献:自分析哲学(analytic philosophy)脱胎换骨以来,在逻辑、语言和哲学研究方面有着世界性的影响,引领了新的哲学研究方向,开创了"后分析"(post-analytic)时代,实现了对传统分析哲学的超越,经历了从本体到认识再还原到本体的演化过程。奎因的贡献在于质疑了传统哲学方法,挑战了形而上学和"第一哲学"(the first philosophy)的权威地位,把人的行为和客观物理证据引入知识和真理判断范畴。"自然化哲学"成了一个新的标签,人们不再拘泥于对命题的理想化判断上,也不再迷信简化和抽象思维;取而代之的是把知识和真理作为经验范畴来对待,尝试还原那个最开始的真相,这样,就对感觉器官有了新的要求,同时对心理演算过程也有了重新认识。心理研究一定要结合物理证据,心理意识是判断过程,而物理证据是判断结果和依据。

　　奎因科学化的哲学思想带来了语言学研究的变革,除了传统语言和哲学关系之外,自然化认识论进一步强化了命题分析的内涵,在哲学角度阐释了命题的内在属性,夯实了语言判断对真理和知识的重要意义,明确了"语言分析对哲学判断"有用和有效的这一分析哲学思想;同时心理判断的物理化有助于人们理解社会语言学和功能语言学的观点,即语言不是自主的独立体系,而是与人的行为和生活目标密切相关。语言"指称功能"(referentialism)完美匹配客观所指;同时语言意义应该很好地参照说话者的本意(intended meaning)。奎因的语言观点使人们看到了语言使用中的悖论,即一方面力求

---

　　① 　国内有两种译法:"奎因"和"蒯因",本书统一使用前者。

真实还原,或者"语义上溯"(semantic ascent);另一方面由于语言是心理过程,超越了客观实在,在认知域(cognitive domain)自主建构,因此必然与客观经验越来越远,所以形成了"指称模糊性"(referential opacity)。对于奎因而言,"翻译"是不可能实现的,这是由于人们无法知道另外一种语言的词汇确切所指。由于词汇的唯一性和客观世界的层次性(上下位关系),人们无法判断词汇确切的内涵和外延,导致了认识的不确定性,这也是奎因自然化认识论的一个良好佐证,通过语言例子来说明物理证据的必要性,真理和知识的判断无法脱离客观所指进行自我操作和构建。

事实上,与传统哲学和语言关系不同的是,奎因两个领域的观点用来解决一个问题,也可以称其为奎式"一元主义"(monism):第一,对科学和哲学进行了统一,这样又回到了古希腊传统,即科学是思辨哲学,哲学是认识科学。奎因的"一元论"是升华式的科学哲学统一思想,力荐哲学向科学靠拢,彻底放弃"第一哲学"或者"形而上学";这与希腊传统恰恰相反。从古希腊到奎因经历了从科学哲学统一(古希腊),到二者分离,各成专业[伽利略(Galileo di Vincenzo Bonaulti de Galilei)现代科学方法和培根(Francis Bacon)经验主义哲学的出现],再到科学哲学再次统一(奎因)。事实上,哲学(心理学意义上的评价判断)和科学(对物理性存在的研究)为心理主义和物理主义的统一进行了铺垫。第二,对心理思想和物理思想进行了统一,这又和西方哲学发展传统形成了一致。从古希腊的本体论(ontology)传统到现代哲学开始的认识论(epistemology)传统;从对客体的了解转到对了解对象(感知器官和大脑)的了解等。事实上,奎因也可以被理解为持有笛卡尔(René Descartes)式的怀疑论(Cartesian Scepticism)者,只不过不像笛卡尔那样极端。奎因觉得认识论无法真正还原客观现实,所以需要"语义上溯"。在奎因的框架下,心理学和物理学需要通力合作,共同解决认识问题,二者缺一不可,无法各自独立。第三,对哲学、科学和语言学进行了统一,语言作为思辨和交流工具,一直是人类赖以生存和发展的重要工具,语言学的发展同样历经了古希腊传统和现代语言学发展阶段。在古希腊,它属于哲学的分支,主要探讨意义和名称,如"唯名论"(nominalism)和"唯实论"(realism)之争,以柏拉图和亚里士多德观点为代表;后期经历了历史语言学传统到索绪尔(Ferdinand de Saussure)语言学的转变,语言学从其他学科中分离出来,成为自主学科。或者说,在历史某个阶段,此学科经历了从"语文学"(philology)到"语言学"(linguistics)的发展变迁;从哲学(或者历史)到科学的发展过程。在奎因思想框架下,语言再次回到了哲学范畴,第二次成为认识的重要工具,成为连接主体和客体的桥梁,为知识和真理的评价提供了可靠的方法和手段。在奎因体系内,语言是行为的和经验的,因此需要参考语言和人的关系以及语言客观所指。奎因的语言研究构成了人类完整的认识过程,从物理数据到心理演算最后输出语言,因此物理学、心理学和语言学各有分工,合作方式解决了人们的认识过程。第四,对语言学方法进行了统一。在奎因的科学化哲学框架下,语言可以用一个更上位的视角来审视,在这一意义上,可以参照语言学"心理实在论"(psychological realism),假定语言分享物理性存在(physical realism)的核心特征,分享"原子属性"和"量子属性",两种属性竞争式地决定语言知识和使用,因此可以在语言学框架下解决"先验主义"(a priorism)、"唯理主义"(rationalism)和"经验主义"(empiricism)一元性问题。

本书将按照以上逻辑顺序,从哲学到语言,对奎因语言和哲学问题进行拓展式的探讨,遵循"漏斗原则",从一般问题出发,逐渐过渡到具体问题,主要探讨在"物理主义"和"心理主义"相结合视角下语言学的基本问题。力图站在更加宏观的视角,秉承哲学目的和科学方法,对语言的属性、特征和使用进行解读和描写,以期在奎因物理视角和心理视角相结合的框架下对语言学研究贡献微薄之力。

一、研究背景与意义

奎因思想是业内研究的热点,涉及其自然化认识论、本体相对性以及语言等诸多方面。首先是奎因本人的研究成果,关联很多语言和哲学问题,这些成果被大量介绍到国内,迅速被相关领域的专业人士了解并且作为自己的专业兴趣和方向。尤其自改革开放以来,伴随着大量西方意识形态思想的引进,人们逐渐了解了奎因以及他的学术思想,丰富了我国相关领域的研究库存,满足了业界人士对西方哲学和相关学科的知识渴望,对促进国内意识形态领域的深入发展和高校及科研机构的学术提升和拓展都起到了积极的作用。

在奎因思想研究领域,有很多先行者,他们率先到国外学习,然后把学到的成果引入国内,使人们有机会了解到奎因思想这颗在西方哲学史发展过程中的璀璨明珠。其中,集大成者首推北京大学陈波教授。他长期致力于奎因思想的研究,成果丰硕。十几年来,陈教授在顶尖国际期刊上发表高水平论文近20篇,主要涉及哲学和逻辑学。除奎因思想外,研究还涵盖弗雷格(Friedrich Ludwig Gottlob Frege)、克里普克(Saul Aaron Kripke)、威廉姆森(Timothy Williamson)和亨迪卡(Jaakko Hintikka)等人的学术思想,很多都是与奎因思想比较研究之成果。

陈波教授长期做奎因思想的引进和研究,其擅长领域为哲学和逻辑学。在《论蒯因的逻辑哲学》(陈波,2014)中,他把奎因自然化认识论作为研究背景,对其逻辑学思想作了系统的阐释评述,同时提出了三个问题:奎因的逻辑和逻辑真理究竟意味着什么? 奎式逻辑体系中存在哪些亟待解决的难题、困境和悖论? 奎因关于逻辑和真理还有什么样的潜台词没有回答? 在此文中,他阐述了逻辑实在论和认识论的关系,逻辑构建了人们的可见世界,联系着人类的语言和思维。在奎因视角里,由于描写对象的不确定性,所以逻辑理论可能会出错,因此需要不断地修正。在《蒯因的本体论》(陈波,1996)一文中,他系统地介绍了奎因的本体论思想,认为奎因是自罗素(Bertrand Arthur William Russell)和维特根斯坦(Ludwig Josef Johann Wittgenstein)以来在世界上具有广泛影响的哲学家。奎因在整个学术生涯中,一直贯彻其本体论的哲学思想。他利用量化观点和逻辑工具,提出了"本体论承诺"这个新概念,认为"存在就是成为约束变项的值"。另外,在《蒯因的"两个教条"批判及其影响》(陈波,2003)一文中,他再一次对两个命题展开了讨论,这直接和奎因的语言学即语义学思想发生了联系。笔者认为"分析命题"(analytic proposition)和"综合命题"(synthetic proposition)泾渭分明的划分是奎因严厉批判的对象,这涉及"还原论"(reductionism)以及"意义证实"等问题。奎因的批判对分析哲学产生了深远的影响,也奠定了其在现代哲学中的世界地位。陈波认为奎因的批判有效性在于其预先设定了一个严格的分析定义标准,因此其观点是20世纪最有影响的观点之一,树立了"一块哲学史上的里程碑"。

除了陈波,还有大量的专业人士把奎因哲学和语言思想作为专题进行研究,取得了海量的研究成果。龙小平(2006),从翻译不确定性(indeterminacy of translation）角度阐述语言使用问题，提到了奎因对"单身汉"这个词的定义，其实是一种"语义重复现象"（tautology），是词典编纂者（lexicographer）应该考虑的问题；朱凤青（2003）评价了奎因的整体意义论，摆脱了先验意义的束缚，因此是社会实践重要的组成部分；孙冠臣（2006）评价了《语词和对象》（Word and Object），认为翻译的不确定性是奎因语言哲学思想中重要的组成和整体中不可分割的一个部分，对其解读有助于更好地理解分析命题和综合命题的整体性；汤新红（2008）评述了分析哲学中分析命题与综合命题的区别，认为奎因的批判导致了哲学界的反思，对现在思想界仍然有深远的影响；陈晓华（2010）认为克里普克借用三大论证，批判了指称在因果描述理论和直接指称的因果链条中具有等价模糊性的观点，语用解读为指称模糊性这种现象提供了良好的辩护；武光军（2012）从奎因本体论角度论证了语言之间的可译性以及翻译的多元性，同时指出奎因翻译哲学的局限性是由于行为主义的意义观以及句型分类的难以操作性造成的；马明辉（2015）从数理逻辑演算角度为奎因的逻辑论题辩护，强调逻辑等同于带"等词"的一阶逻辑，也就是论题所指。除此之外，还有大量的国内专家学者对相关问题作了专业性的论述，在这里不一一赘述。

国外对奎因的研究同样浩繁多样，探讨集中于自然化认识论、指称相对论以及大量的语言和心理学关系等方面，较多的是对其综合命题和分析命题批判方面的研究，如第考克（Lieven Decock）（2004）系统阐述了真理与意义的关系。更早期的研究集中在自然化认识论上，对哲学科学化这个命题重新解读、阐释和批判。迪科奇（Stephan Dicoch）（1993）1993年发表在 Philosophy and Cognitive Science 的文章，就自然化认识论阐述了自己的见解，比较了奎因和西蒙的观点，以及和实用主义的渊源。另外，还有其他一些研究成果，均从不同角度对奎因自然主义观点进行了阐释。21世纪以后，更多的研究如雨后春笋般地出现，所有这些研究成果或多或少涉及了心理主义和物理主义等问题，在哲学认识的感官判断标准、刺激的来源和作用以及语言所扮演的角色等方面进行了研究和论述。其中集大成者是格里高利（Paul Gregory）的专著《奎因的自然主义思想》（Quine's Naturalism）（2008），书中较全面地介绍了自然化认识论所涉及的自然主义观点，在语言、理论和客体三个方面暗指了心理主义和物理主义内涵,揭示和解释了语词习得和客观世界的关系。该书分六章,除了导论部分,第二章介绍了自然化认识论的基本内涵和要义,并区分了"自然化认识论"(naturalized epistemology)和"认识论自然化"(epistemology naturalized)两个不同但是相关的概念;第三章探讨的是奎因"语言和理论"两大基本概念,阐释了奎因的行为主义观点,叙述了理论的经验来源;第四章指出了由于传统基于分析的意义问题,意义分析是一种"语义循环"现象,格里高利用"循环"(circularity)这个词汇进行界定,以解决形而上学不能解决的理论与客观现实相联系的问题;第五章阐释了评价标准和客观性问题,通过奎因式的认识论提出了哲学判断的标准以及如何做到尽可能物质还原的问题;最后一章暗示了奎因研究中的悖论:一方面"自然化认识论"是摆脱哲学影响的科学经验主义方法;但同时又是在哲学框架下进行判断,获得标准式的答案,因此如何进一步解决这样的问题成了哲学和语言需要进一步探讨的问题。

（一）研究背景

本书尝试在"自然主义"(naturalism)范畴内探讨语言的本质。奎因的学术体系研究一直是业内的热点问题,研究多集中在科学自然化和语言命题、翻译不确定性等问题上。国内对奎因的研究呈现出百花齐放、百家争鸣的趋势,学术成果经过常年积累,在数量和质量上都有了大幅度提升。例如在中国知网上搜"奎因"这个关键词或者以其术语为关键词,会有几十到数百页的链接,可谓成果丰硕。对奎因的研究,除了20世纪70年代末以来伴随着学术的发展人们对西方哲学迫切的需求以外,更多地成了高校教师和专业机构研究人士所关注的对象。发表论文或者学术探讨都是在特定领域丰富中国语境下对西方哲学及语言的研究成果,提高专业认识和素养。国内的研究相对比较松散,整合研究不多。事实上,奎因语言哲学理论是在前面学术成果上的再一次突破,是进一步简化和还原。在简化意义上,奎因尝试统一哲学和科学,让两者二次携手,共同解决认识论的问题,即科学提供方法和来源,哲学解决最终认识;通过还原奎因的研究又回到了所有学科的最终目的,把追求真理和知识判断作为学术的最终结果。在这里,奎因仍然坚持的是分析哲学传统,只不过从意义过程分析转到了意义来源分析。笔者就是在这样一个学术背景下展开研究,尝试整合奎因整体性学术思想,把语言作为主要研究对象,来解读其自然主义的哲学理念,尝试说明奎因语言和哲学观点事实上是一种简化主义(reductionism)的认识论过程,通过探讨命题的经验性以及意义不确定性这样的问题,来证明物理还原的重要性和心理构建理论与概念的必要性。心理意义上指导人们构建理论和概念时,显然客观证据的本来面目相较于逻辑意义分析是更可靠的方法论评判标准。只有方法正确,才会有正确的语言输出,这样才能够避免语言的谬误和交际的失误,才能达到哲学所要追求真理或者真相这一最终目的。

如上所述,显然"物理主义"和"心理主义"是本研究的关键词,"语言"是本研究的最终目的,两个方面在"自然主义"这个标签下成立。三者研究背景梳理如下。

在物理主义方面,奎因的思想和研究成果无一例外指向"自然主义"这个名词。同样在《奎因的自然主义思想》(格雷戈里,2008)一书中,作者另辟蹊径,从科学性这个角度指出了奎式哲学和语言学思想的来源,解释了"自然化认识论"中"自然化"的含义。如果空缺了"物理"这一项,奎因思想就无法成立,自然化认识和刺激丰富论就没有实证基础。反过来讲,语义上的命题和人类哲学意义上的认识判断就要回到中世纪和经典方法上来,不得不借助先验论式的第一哲学或者纯形式化语言方法进行探索。

奎因的科学观虽然是心理性的,但必须有物理的参与才能实现。在《语词和对象》(奎因,1960)这部经典作品中,他提到了"刺激意义"和"观察句"这两个直接和认识物理性相关的概念,二者均与刺激来源发生联系,也就是物理证据,这是语义需要上溯的原因。语言上溯对认识论判断标准至关重要,决定着真理和知识的可靠性。另外,与物理性相关的论述体现在奎因翻译学思想中,即"翻译不确定性"。在《悖论的方式以及其他文章》(*The Ways of Paradox and Other Essays*)(奎因,1966)中,他提到了这个问题,尤其假想了丛林语言学家与土著人交往的例子,指出了客观现实对语言理解和翻译的重要性。

心理主义方面,奎因本人的主要观点体现在《悖论的方式以及其他文章》(奎因,1966)中,他论述了哲学的数学基础并评述了卡纳普(Rudolf Carnap)命题逻辑理论;而其代表作《本体相对性以及其他文章》(*Ontological Relativity and Other Essays*)(奎因,1969)中,提出了客体命名问题以及著名的"本体相对论"和"自然化认识论"两个重要概念；论集《一个坚定的外延主义者的自白及其他论文》（*Confessions of a Confirmed Extensionalist and Other Essays*）（奎因，2008）前半部分论述了大量与心理主义相关的问题，如"整体论""分析命题""逻辑的作用""人类的内在禀赋"等。

奎因心理主义研究是国内外学术探讨的热点，成果主要蕴含在自然化认识论的观点梳理中，如反复引用的《奎因的自然主义思想》（格雷戈里，2008）一书中，详细介绍了"自然化认识论"，指出了"梅德西斯画谜"中逻辑循环以及"主观性"和"客观性"的标准等问题。国内研究可在知网上搜到大量的相关文献；然而冠以"心理主义"的论题数量微乎其微，主要停留在"两个经验教条""意义论"以及"自然化认识论"等研究上，这些文献或多或少指向了"心理主义"这一概念。

回归到语言，奎因本人语言观体现在《一个坚定的外延主义者的自白及其他论文》（奎因，2008）后半部分中，涉及"翻译不确定性""认知意义""语法、真理和逻辑之间的关系""思维、大脑和行为"等语言问题；在语言学代表作《语词和对象》（奎因，1960）中，他全面论述了"意义和指称""翻译的不确定性""句子分类"等具有代表性的概念，是奎因语言思想集大成之作；另外，在《指称的本源》（*The Roots of Reference*）（奎因，1990）一书中，奎因进一步探讨了"刺激意义论"以及"语言学习理论"，指出了语词和对象的相互关系。国内研究并行于自然化认识论研究，是哲学和外语领域那些从事语言哲学研究人士关注的焦点话题。研究主要体现在如下四个方面：首先，分析命题和综合命题的关系；其次，刺激意义和句式分类；再次，翻译的不确定性；最后，指称的不可测性和模糊性。研究主要文献可参阅朱凤青（2003）、孙冠臣（2006）、汤新红（2008）、陈晓华（2010）、武光军（2012）、马明辉（2015）等国内学者的研究成果。

（二）研究意义

尽管学术界对奎因的研究颇多，但大部分成果仍然停留在阐释和介绍阶段，冠以"自然主义"的研究数量稀少，国内研究尤其如此。本书希望能在一定程度上作一些补充性的探讨，在自然主义话题下，通过心理主义和物理主义交叉关系更好地理解奎因语言哲学思想的本质和内涵，以厘清自然化认识论和两个命题批判的原因和机理。在技术层面达到几个目的:首先,通过分析"感官刺激"这一概念,更好地理解"语言是社会行为"这一假设,"理论语言"来源于外界的物理刺激,因此语言名称所指是相对的,针对刺激是可变的。其次,更好地理解"哲学科学化"假说的内涵,即认识论前提下对真理的证实不是基于形式逻辑般的命题和陈述,而是应该参照物理证据,由此有充分理由把哲学放到经验科学的范畴。在这一认识过程中,所依赖的认识工具就是语言:后者既是研究媒介,也是研究对象本身。再次,通过奎因思想研究,构建完整的认识论体系,从而理解语言产生的全部过程。与乔姆斯基(Noam Chomsky)"刺激贫乏论"(poverty-of-stimulus argument)的观念相忤,奎因语言观在本研究语境下暂定为"刺激丰富论"(stimulus argument)①,属于经验主义的语言观点,认为语言是完整的"感知—认知—语言"过程。感知即为物理证据到刺激开端的结果;认知是刺激到理论语言的心理过程;而最终输出就是日常语言。通过这一点可以更好地理解奎因哲学与科学统一的整体观点。真理或知识是行为主义的,前者判断是纯心理过程。所以语义命题必将是相对的,反映的是人们主观认识的客观世界;而不是绝对的客观世界。由此,哲学的逻辑判断必定是心理化的而非形而上学的。最后,在此基础上尝试解决笛卡尔开始的"身心二元性"(division of body and soul)悖论,在自然主义这个架构内尝试了解身(物理世界)和心(心理世界)并不是对立或者相互排斥的二元世界;而是并行的两个世界,是通过意识、知觉与周围世界互动反应的结果。这样就更好地理解了奎因自然主义观点,用"存在"这个理念解读从物理输入、心理处理到语言输出的完整认识过程。

本书具有一定的创新意义,解决了长期以来奎因语言哲学思想与本体语言学各自为战的研究状况,统一了不同的语言学观点,简化了语言学的认识,丰富了语言学研究和学理内容,夯实了语言哲学中的专业知识。创新之处在于从哲学视角对语言有一个全新的认识和实践;反过来讲,语言学的创新也推动了语言研究的归化和本土化。得出的结论体现为奎因语言解读是哲学心理化和科学化的手段,反过来也是其必然结果。研究证明了经验主义和行为主

---

① 奎因原词:stimulations。

义在判断语言知识和命题上的有效性,以此丰富语言哲学领域的研究成果。具体体现如下:

首先,通过研究奎因语言学理论和学术思想,提出心理主义和物理主义视角下语言学的基本观点,从学理上丰富奎因语言哲学思想研究体系,拓展语言学研究的内涵和外延,使本体语言学和语言哲学能够统一到一个框架下,在广义上理解哲学(认识论)、科学(研究方法)和语言(理论载体)之间的相互关联,解决共同的思想问题,因此假定是等价的三个学科,相互印证,三位一体,殊途同归。

其次,在学术观点上走了融会贯通的道路,放弃了"语言是行为的还是心智的"这样的对立命题,尝试用统一的理论模型对二者进行合理化的解释,采取"梯度"方案解释语言的本质属性和习得过程,得出"语言既是心智过程也是刺激结果"这样的结论,二者共同起作用,以竞争的方式产生合力,决定着人们所感知到的语言行为和表述。

最后,在研究方法上尝试从哲学视角看待语言,用语言方法证明哲学问题。心理主义和物理主义作为两大认识工具解释语言的本质属性和习得过程,由此来理解奎因哲学科学化内涵,即通过外部刺激(物理输入)激发内在概念(心理构建)从而最后生成交际符号(语言输出)。物理证据(科学)是认识论(哲学)的最初来源,心理演算(体现在客观性的科学过程)是知识和真理(哲学判断)的加工过程,语言是真理和知识(命题)的载体。

二、研究内容与方法

本书旨在现代语境下重新理解 20 世纪经典的哲学和语言学理论,尝试在一个宏观语境下解读奎因的哲学和语言学思想,解决哲学框架管辖范围内部语言知识、使用以及判断等基本问题。在研究主线上,遵循"自然主义"路径,从奎因自然主义思想出发,结合西方启蒙运动(The Enlightenment)前期所产生的科学以及经验主义思想,构建"语言自然主义"(linguistic naturalism)研究体系,在方法上延续科学和理性的传统。语言自然主义观念仍然可以用奎因的"物理主义"和"心理主义"两大工具构建,在语言体系内能够很好地理解符号与客观所指以及语句的科学承载等关于主观世界和客观世界关系方面的内容。事实上,基于心理处理和物理所指的语言自然性观点自古有之,西方有记录以来最早可追溯到柏拉图的《克拉底鲁篇》(*Cratylus*)，即"唯实论"，在绝对理念基础上涉及语言与客观世界的联系。另外，同样在古希腊，有着语言和自然关系的争论，这些探讨给后期"指称理论"作了铺垫，第一次明确了语词可以代表客观实体。随着经验哲学的出现，"唯物性"(materialism)得到了进一步的重视，经验思维在哲学和科学领域获得了长足发展。在这样的背景下，"自然性"就有了新的内涵，也就是建立在经验和科学上的研究方法。这种方法源于伽利略和培根，重视知识的经验来源，在奎因的哲学体系中得到了强化。后者不仅继承了唯物传统，更对传统认识观点提出了挑战，走向了彻彻底底的唯物主义，对"自然主义"中的"自然"这一核心概念赋予了完完全全的感官经验意义。

本书在奎因的基础上，继续遵循自然主义这个唯物路线，在分析奎因自然化认识论理念的同时，接受其"刺激意义"(stimulus meaning)语言学观点，把语言体系放到自然主义框架内，呈现物理性和心理性的关系。研究拓展了奎因的自然主义范畴，在方法论上尝试构建一个兼容的认识体系，把所有语言现象放到一个解释充分性(explanatory adequacy)框架内。

(一)研究内容

研究对象为奎因，着重探讨在心理主义和物理主义互动模式下其语言哲学中的自然主义思想，目的是理解奎式自然化认识论的立论基础，分析两个命题批判在认识上的动因。围绕语言究竟是心理性(心理—认知)还是物理性(社会—文化)的这个问题，尝试从心理学和物理学互动体系下解决这个疑问，其中奎因思想是研究借鉴的工具，语言学连贯方法论是最终目的。研究内容与上述国内外研究现状并行，在"自然主义"标签下，将分为奎因心理主义和物理主义研究、心理主义和物理主义互动模式研究及交叉条件下语言学研究三个部分。

第一，心理学和物理学是奎因思想体系中两大重要的认识工具，二者在互动模式下发挥作用。基于心理主义和物理主义，提出两种假设：其一，人们的心智(心理主体)是处理外界信息的中枢，是"理论语言"的演算基础。通过心理过程，可以上溯到最原始的物理存在；其二，在判断真理和事实中，摆脱了形式逻辑演绎的束缚，而把人的观察和行为作为认识论的评判标准，这样心理学就顺理成章地把思辨哲学变成了感官科学,带来了"自然化认识论"这一结果。研究强调心理世界是辅助物理世界的认识工具,物理数据是认识目的,而心理数据是认识结果。心理学和物理学共同构成了经验主义的哲学观,二者既互相矛盾(主客体分离,心理扭曲了客观现实)又互相弥补,构成了从物理(客观—刺激)到心理(感知—认知)的完整认识过程。

第二,自古希腊以来,认识论有了长足的发展。在古典时期,哲学和科学是合二为一的体系,科学需要向哲学靠拢,依赖哲学的思辨性和数理方法认识世界。因此,在亚里士多德思想体系中,科学更像"思辨式"或"数理式"科学,依赖演绎过程推导。认识论的第二个阶段是现代(感官)科学的兴起,由伽利略和培根引领。这个阶段,科学摆脱了哲学的影响,成为独立的职业化研究体系,与后者并行。而奎因哲学和语言学思想的独到之处在于使认识论有了第三次进步,在这里哲学和科学再一次统一起来,只不过哲学需要向科学靠拢,成为科学的一个分支。奎因的贡献是使人们再一次从认识还原到本体,把客观世界作为唯一可靠的认识来源,以求认识和判断上的精确。因此,奎因的哲学体系再一次使心理学(指向认识工具)和物理学(指向认识对象)有了交叉互动的机会,心理主义和物理主义的并存成为奎因语言哲学框架的合理基础,二者缺一不可,少了任何一项立论都无法成立。心理主义用来描写人类独特的感知和认知能力,是由人们的知觉、意识、心理演算这些神经活动组成的综合体,是人类心智的重要组成部分,在此基础上人们意识到自身、他人和周围环境;而物理主义是对周围环境和存在的认识,是意识的上溯源头。没有物理世界,思想是黑暗的,没有任何感知对象,没有任何人们可以存在的时空坐标。

物理性和心理性本身具有矛盾性,暂且定义为"认识悖论"(epistemic paradox)。理论上,物理世界是绝对的,是独立于主体存在的;但是客观世界必须通过心理世界的处理和加工才能被人们的知识结构所接纳。知识和判断带有很大程度上的主观性,这就是自然化认识论产生的原因:主观的知识不可靠,必定要通过经验科学方式去验证和上溯。这就是心理主义和物理主义的真实关系。

第三,奎因自然化认识论的思想体系必然落到语言问题的探讨和解决上,原因不言而喻:语言是哲学和科学重要的研究工具(哲学命题判断和科学知识表述),也是认识的最终目的(语言的本质等同于思维的本质)。奎因自然无法回避语言学问题,其语言学观点与哲学观点并行,是合二为一的认识观点。本书主要观点如下:其一,奎因的分析命题批判与他的自然化认识论是一个问题,也就是不论一个命题偏离经验多远,最终都会上溯到那个经验。如"鲸是哺乳动物"这个分析命题,其概念和含义最终还是要追溯到对鲸的原始判断,如科学家解剖和生物分类过程。其二,刺激意义和句式分类目的是为了服务综合命题,不论是非观察句还是非恒久句都能上溯到客观经验,也就是观察和感知数据。其三,翻译的不确定性是与心理演算和物理证据不相匹配引起的,在 gavagai(奎因假想的土著词汇)例子中,丛林语言学家由于无法确定这个词是否是兔子的意思;或者不是指整只兔子,而无法与自己通晓的语言词汇匹配起来,因此需要上溯和还原。其四,指称不可测和模糊性与第三个问题是一个问题,均指由于无法把语言与客体有效地联系到一起而产生的指代不明确现象,这仍然是命题偏离客观证据的结果。

研究将得出以下几个结论:其一,语言系统是外界刺激到心理投射的衍生物;其二,"理论语言"与"符号三角学"中的"概念"或"所指"等价;其三,辅助物理主义的心理主义构成了经验和行为指导下完整的语言习得过程,与心智主义的语言学观点对立;其四,奎因的语言学观点是其自然化认识论的重要组成部分,是哲学科学化、认识论自然化、哲学和科学统一的关键桥梁。为了证明以上假设,研究将从心理主义和语言的关系入手,认为语言是心理过程的产物,是从物理数据到心理演算的终极产品,从"理论语言"①直接转换的听觉和视觉系统。

由上可以推导出语言经历了三段论的认识过程,也就是从物理数据到心理数据再到语言数据的过程;或者说是从感知到认知再到语言的过程。上述假设有如下意义:首先,由于心理世界无法完全匹配物理世界,因此语言命题要上溯到最原始的物理证据(即"意义上溯"),那么分析命题在描述语言意义上就存在着不足;其次,由于认识基于刺激意义,因此句式分类理所当然应摆脱形式化的影响,按照行为主义方式操作;再次,与第一项同理,由于语义上溯

---

① "概念"的同义词。

受制于心理限制,因此命题判断是不可测的,不具有形式化的确定性,而只有统计学意义上的可能性;最后,奎因的心理主义思想给语义模糊和歧义提供了全新视角解释。

(二)研究方法

奎因思想研究属于哲学和语言学研究范畴,涉及的问题有方法论和认识论、语义学、数理逻辑、心理学、社会学以及自然科学等领域。总的来说,属于纯理论研究范围,提供知识/认识论、哲学和语言学研究方法等,涉及最终真理①或者知识体系等问题。与纯粹应用学科,如工科、管理学等领域比较,在研究方法上,实证性和应用性相对偏弱。尽管奎因本身强调经验科学的作用,提出哲学应该向自然科学靠拢,把感官数据作为知识判断的唯一来源,但这只是奎因理论所倡导的基本理念,不代表其体系本身是经验的或者感官的。奎因体系毕竟是哲学体系,是形而上的思辨(elicitation)体系,一直延续古希腊以来的哲学传统:说理代替说事,简化代替求实,心理构建代替实体构建。尤其从西方现代科学兴起以来,伴随着伽利略的实验方法和培根的经验倡导,哲学与科学作了进一步明确的分工,各司其职,各管其事。科学负责寻求真相,指向客观;哲学负责构建认识,着重主观。前者指向本体,后者偏向认识。所以,正像"哲学"这个词的希腊本源 philosophia 所有的含义所明确的那样,哲学追求智慧,因此始终把心理体系作为研究目标,追求简化的(对应科学的实证)、心理的(对应科学的物理)、目的的(对应科学的过程)、形而上的(对应科学的形而下)等目标。在这里,有必要澄清科学和哲学的关系,正像上面所提到的那样,二者总是处在分分合合的状态,一直是相互纠缠的关系,无法做到完全井水不犯河水。这就意味着二者的关系并不是非此即彼的,而是一个梯度问题(a matter of scaling)。在此意义上,哲学并不是不关注方法和实证,只不过程度偏弱;而科学同样追求简化,如牛顿(Isaac Newton)力学(universal gravitation)以及爱因斯坦(Albert Einstein)相对论(relativity),尤其后者,已经超越了感官科学所能理解的范畴,提供的是对宇宙本质性的解读,所以也可以认为爱因斯坦是哲学家——"科学哲学家"(philosopher of science),只不过是

---

① 相对意义上。

通过科学方法达到哲学高度。因此,科学和哲学绝不是非此即彼(polarization)的关系,二者涉及定义上的态度,而非实践。如果科学探索终极本质,其也具有哲学性质,正像"科学的终点是哲学和神学"①这样的表述所含有的意义那样。另外,哲学和科学也指研究方法上的差别,在这里再一次提到牛顿科学,虽然采用归纳的经验主义方法,但还是一种依靠数学的简化思维,这一点可以从其专著《自然哲学的数学原理》(*Mathematical Principles of Natural Philosophy*)(牛顿,1687)的标题看出,其目的是获得数学和哲学式的简化;尤其爱因斯坦,其方法与实证研究没有一点关系,回到了古希腊的"内省"(introspection)方法,依靠数学式的逻辑推导解决客观问题。两位科学巨匠的例子给严格的科学界定提供了学术理据,人们所说的科学指"现代科学"(modern science),严格按照"观察"(observation)和"实验"(experiment)作为定性标准;如果方法是"内省"和"数理推导",研究就具有了哲学属性。

奎因的研究貌似更像自然科学研究,推崇经验、感官和客体,是努力推崇哲学科学化的哲学家,所以和爱因斯坦相反,人们可以称呼他为"哲学科学家"(scientist of philosophy)。有趣的是,二者正好形成对照:作为科学家的爱因斯坦达到了哲学的高度;而哲学家奎因却回到了科学的起点。因此,两个人分享类似头衔。不过对于奎因而言,正像这个名称所暗示的那样,他本质上还是哲学家,至少从职业以及研究目的角度来说是这样。奎因所要做的就是追求哲学终极方法,认识论或者知识论的评判标准,等等。哲学本质是思辨,奎因思想体系也毫无例外。不论其关于逻辑的探讨,还是与"丛林语言学家"(jungle linguist)有关的例子(冥想而非实证),都是纯心理式的思辨过程。综上所述,奎因所遵循的还是哲学的思辨研究方法。"思辨"顾名思义就是"思"(to meditate)和"辩"(to argue),一个是内在的心理过程,另一个是外在的语言手段。思辨依赖逻辑,是自洽的(self-consistent)思维过程,运用逻辑从一个命题或公理(postulate/axiom)出发,数理式地推导出一个又一个子命题(theorem)。思辨是唯理的而非唯实,这也是哲学和科学从现代意义上的区别。思

---

① 学界流行的一句话,表达了科学和哲学以及神学的关系:前者,尤其是经验科学,解决的是形而下(感官经验内)的问题,一旦突破感官这个限制,去理解和探讨大尺度或者微观世界(包括意识),就与哲学(形而上学或者玄学)和神学(本源)发生了联系。

辨构建形式化（formalization）和理想化（idealization）系统，方法上注重简化，目的上追求终极真理，因此不太关注例外和特例，只把一般性（commonness）和常态（routine）作为考虑对象。

思辨一般分为演绎式思辨（deductive elicitation）、归纳式思辨（inductive elicitation）和顿悟式思辨（introspective elicitation）三种。演绎式思辨基于演绎逻辑（deductive logic），往往从一个命题出发，演绎式地得出结论。这是从一般到具体的心理演算过程，运用脑海当中一些原型理念（stereotype），如概念、范畴、体系、理论等对客观观察或者遇到的现象进行匹配；归纳式思辨运用相反的思维过程，与归纳逻辑（inductive logic）有关，经验式地思考并且推导事物之间的共性，从特定可以发现一般性的规律，是综合性的认识过程，也就是从实物或者知识片段到概念或者整体的思辨过程；顿悟式思辨是古希腊的研究传统，来源于苏格拉底（Socrates）和柏拉图，是"希腊式的理想"（Greek Ideal）表达方式。顿悟式思辨是康德（Immanuel Kant）式的先验哲学（transcendental philosophy）所推崇的认识方式，适用于纯粹抽象问题研究，把"精神"和"灵性"等这些宗教概念作为实体对待，尝试解决那些超过人们感官经验的问题和现象。

本书内容本质上属于理论研究范畴，目的是解决语言学的方法论问题，提出语言是物理性证据和心理性构建的共同结果这个结论。研究把语言纳入科学框架进行验证，同时纳入哲学框架进行评判，具备理论研究高度的理想化特征。这样，类似"语料分析"（corpus analysis）和"实证研究"（field study）流行的语言学方法不作为主要的研究方法对待，因此在一个疯狂追求"量化研究"（quantitative study）的语言学研究年代，不得不走传统思辨科学的老路：分析和阐释。这种方法与本研究的具体做法一致，是语言学和哲学最经典的研究思路。这并不意味着研究排斥实证和数据，只不过不是追求统计学意义上的分析，而是进行说理和求和。毕竟，理论语言学和哲学所探讨的问题往往超越感官经验（sensory experience），用心理化的分析更有效一些。研究也需要例证，用例子（如句子）代替直接试验所获得的数据（immediately accessible data），会取得更好的说理效果，符合语言哲学研究规范，为进一步探讨留有很大的空间。

由此,笔者将把思辨作为贯穿主线的研究思路,对奎因的语言哲学问题进行层层递进式的探讨。在思辨手段的主导下,将采取多样的技术手段。这些手段相辅相成,既可以服务于局部研究目标,也可以互相联合,来实现特定的一般性研究目的。所有手段最后形成合力,为研究的主旨进行服务。具体方法如下。

1. 理论法

通过研究,构建"物理和心理互动模式下的语义"模型。这是本书所要最终达到的理论目的,可以完善语言哲学的理论体系,在具体语言中运用该理论体系,验证理论依据的适用性和普遍性。研究过程中,把奎因语言哲学思想作为研究工具,建立物理主义和心理主义框架下语言学的理论体系,提出语言知识和判断的认识论标准,简化对语言的认识。

2. 归纳法

坚持理论和实践相结合,举一反三,通过心理主义和物理主义这两大认识工具,归纳语言习得的刺激来源和心理结构,推导出语义学在科学和哲学框架内部的理论模型,从而了解语言的本质特征。运用归纳方法,罗列一系列集合中的相似元素,做到举一反三,以求规律性的元素;同时通过重复这些元素,凸显研究主题,使主题更明确并得到更多的夯实。

3. 文献法

研读相关文献,整理研究思路,对现有的文献进行梳理和提炼,构建本书的研究体系,提出研究方法,找到问题的解决方案,在研究过程中不断完善理论和创新观念。

4. 分析法

通过把整体看成部分之和的方式,结合逻辑和推理,对奎因语言学思想进行剖析。分析法是为了确定理性精神,排斥感性思维,帮助研究更好地落到理论框架,尝试寻求真理和现实,达到专业目的。

5. 综合法

与分析研究过程做法相反的是,综合法尝试整合各自独立的理论和观点,融合不同的知识和体系,使之成为整体,简化成本书所需要的理论和结论。没有综合,分析不完善,不能很好地为研究服务。通过综合,需要考虑不同的研究背景和研究体系,并且把它们纳入同一个研究框架。

6. 举例法

通过例句,有效地示范研究对象和过程,做到理论和实际相结合、一般性和具体性相结合、抽象理论和具体实证相结合等,使理论思辨真正做到形象和具体。

7. 比较与对照法

用比较或对照方式,来处理研究中的各个成分之间的关系。通过比较,举一反三,把握理论脉络中的相同之处,进而一箭双雕,掌握事物发展的共同规律;通过对照,如对奎因与乔姆斯基的思想进行对比,了解对一个问题不同理论体系的不同甚至是对立的看法,因而能够权衡不同的研究内容,对研究理论进行取舍。

8. 图表与图解法

用图表、图解等传统形式,生动地呈现理论研究中需要展示的逻辑关系,用视觉表述方式使论述更加形象,更易于理解,从而使理论方法这个研究手段具体化。

第一章　奎因哲学的基本内涵

　　奎因 1908 年生于美国的俄亥俄州,属于 20 世纪的哲学家,处于近代哲学阶段。一般来说,西方哲学分成古典哲学(Classical Philosophy)、中世纪哲学(Medieval Philosophy)、现代哲学(Modern Philosophy)和近代哲学(Contemporary Philosophy)四个阶段。古典时期主要是古希腊,外加古罗马的哲学发展阶段,是最璀璨最具有创造力的时期,伴随着希腊文明的崛起,第一次运用"智慧"(wisdom)冥思人和自然的关系,在很多领域构建了现代政治、思想、文化和意识形态的思辨基础,成为现代科学的本源,如爱奥尼亚学派(Ionian School)和德谟克利特(Democritus)的"基本元素"(fundamental element 或 fundamental matter)概念,形成了现代物理学和化学的理论基础。希腊哲学在建立"本体论"(ontology)基础上,第一次思考了自然界的本质和规律,提出了人和宇宙的关系本质;古典时期后哲学就进入了中世纪发展阶段,与欧洲漫长的中世纪并行。这个时期哲学有宗教倾向,反映了这个时代专制和意识形态的特点。中世纪因为"压制人性"(suppression of human nature)①,所以并不是一个思想爆炸的年代。在当时的社会环境下,思想的止步不前甚至退步自然造成"创造力"的缺失,所以哲学并没有基于古典时期辉煌的进一步提高,而是处于平台期甚至有衰落的特点。这一时期可提到的哲学家并不多,值得一提的是奥古斯丁(Augustine of Hippo)和阿奎纳斯(Thomas Aquinas)。如前者,即为宗教哲学家,其思想体系深受毕达哥拉斯(Pythagoras)的影响,认为世界是按照上

---

　　① 现在有一种新的观点,认为中世纪并不是通常所理解的那样,具有专制和窒息的属性。确实,从某个角度来讲,中世纪很浪漫。比如"传奇故事"(romance)这种文学体裁就流行于中世纪,与想象的缺乏活力的生活状态截然不同。所以,谈"专制"应该考虑具体的语境和阶层,中世纪负面的内涵应该是从整个社会意识形态和统治阶层与广大民众的关系角度来理解。

帝意志分为高等和低等两部分,这样就给神权的合理性找到了依据。有压制自然就有解放,因此中世纪之后"文艺复兴"(Renaissance)就成了欧洲历史发展的必要阶段。哲学是启蒙时代重要的孵化器,而且是思想解放的重要推动力量。文艺复兴后,西方哲学进入现代阶段,"现代"(modern)这个词汇本意是指对于"古典"(classical)和"中世纪"(medieval)而言不同的概念,是完全崭新的历史阶段,是在"文艺复兴"新思想的基础上形成的。事实上,现代哲学可分为两条主线,一条是以笛卡尔为代表的"怀疑论"(scepticism)的兴起,第一次通过对认识器官的质疑提出了认识的标准问题,奠定了从"本体论"到"认识论"的转变。"笛卡尔二元论"(Cartesian Dualism)也成了现代哲学以来哲学家需要解决的"悖论"(paradox),为后期康德的思想提供了先期基础。另一条与现代科学即"感官科学"(sensory science)的产生并行,从培根的经验哲学开始,用归纳逻辑支持验证伽利略实证科学的有效性。经验主义哲学为现代哲学认识论提供了知识和真理实验式的判断标准,促进了自然哲学(牛顿)的发展,重新阐释了人和自然的关系。总的来说,现代哲学起源于一个蒙昧的年代,是受到长期压制以后人类灵感和天赋一起爆发和喷涌的结果。

近代哲学(后现代哲学)发源于 20 世纪,从第二次世界大战结束开始,与近代社会和文化发展并行,总的来说体现了反叛、多元、解构等特性。近代哲学仍然延续分析传统,把语言和意义作为切入点。"后现代"是针对"现代"而言,在时间上是后发的,在本质上是对现代的批判和反叛,尤其是对 18 世纪启蒙思想关于真理和价值哲学传统的批判和反叛。后现代哲学质疑语言在交际中的不完备性(inadequacy of language),因此在真理判断上涉及语义问题。近代出现了一批哲学家,代表性人物基本在法国,如德里达(Jacques Derrida)、福柯(Michel Foucault)、拉康(Jacques lacan)等人,在流派上出现了"女性哲学"(Feminist Philosophy)、"环境哲学"(Environmental Philosophy)、"近代政治哲学"(Contemporary Political Philosophy)等。

奎因哲学在某种意义上是各个时期主要思想的集大成者,针对传统的哲学观点进行了认识上的飞跃。事实上,奎因哲学思想与古典、现代、当代流派和理论体系有着密切的关联。在古典意义上,其继承了自然哲学衣钵,注重本体研究,采用"上溯"方法(ascent),推崇经验科学手段,去追溯那个源头

（source），也就是感官经验可以上溯到的那些物理证据（physical data）；同时又采用亚里士多德式的理性主义方法（rational method），把数学和逻辑作为形式化的认识手段，提出了大量的逻辑概念和方法。在现代意义上，奎因延续了笛卡尔等哲学家的怀疑传统，坚持对传统形而上学方法提出批判，挑战"第一哲学"权威，既对纯理性思考表示怀疑，也对人们通过感知系统获得的知识和判断表示怀疑。为此，他举了大量的例子来强调翻译的不确定性和指称的模糊性。因为各种怀疑，正像现代哲学那样，奎因也自然从本体转向认识，把哲学研究纳入纯认识论范畴，把最客观的物理证据当作标准的知识和真理的判断依据，这就是"自然化认识论"思考基础。在近代意义上，奎因属于分析哲学俱乐部的一员，只不过由于年纪原因，时间上比"维也纳俱乐部"（Vienna Club）那些成员要晚一些。奎因与后现代哲学传统保持一致，仍然把语言问题作为哲学研究的核心内容，解决语言在构建命题和知识/判断上的不足。与传统分析哲学不同的是，奎因从纯语义分析（pure semantic analysis）"真值条件语义学"（truth-conditional semantics）语言学方法转移出来，转向语言行为主义和交际观点，结果就是其对两个命题的批判，因为所有命题都或多或少地具有经验属性，都可以上溯到那个最原始的物理证据。

第一节　自然化认识论

奎因的哲学贡献体现在自然化认识论上面，顾名思义，自然化认识论就是自然化的认识论，是与传统认识论不同的一种认识方式。认识论（epistemology）是哲学四大分支之一，与伦理学（ethics）、美学（aesthetics）和形而上学（玄学）（metaphysics）一道构成了哲学研究所要追寻的"真、善、美"及"本源"。认识论的研究对象为知识，探讨它们的本源、范围和局限性。"认识论"在古希腊时期并没有像"本体论"那样形成体系，毕竟那个年代人们关注自然本身，看中本体现象，因此对如何定义和判断知识没有提出更系统的研究方法。作为一个术语和学科，"认识论"起源于现代哲学，与"怀疑论"相伴生

(concomitant)。认识论强调的是认识本身,而不是认识对象,因此自然把认识器官如大脑的活动作为考察对象,认为整个心理结构在处理外部信息过程中的准确性和有效度才是知识和真理最终能否成功界定的唯一标准。毕竟外部世界基于客观尺度,有一个相对固定的圭臬;而主观评判因为心理特性导致了很多不确定性。这和人的思维本质相关,与精确和完美(古典心理学)恰恰相反,现代心理学研究认为人的大脑事实上是混乱的(confused)、错误的(fallacious)、不一致的(inconsistent)。鉴于此,当人类认识客观世界的时候,难免受主观因素干扰,在对知识和真理评判过程中自然会有很多偏差,这就是现代哲学认识论的认识基础,也是奎因思想产生的认识土壤。

认识论的目的是为了追求精确,这一点与科学目的相一致。认识论代替本体论本身就是为了更好地规范人类认识行为,监控认识的心理过程。但传统哲学认识论有一个问题,即对知识和真理界定仅仅发生在哲学自身领域内,是纯心理性过程,基于思辨的逻辑、数理和内省方法,没有拓展到物理领域,对客观存在的本来面目缺乏认识和了解。毕竟大部分认识对象是物理性的,需要实体和感觉器官的参与。虽然哲学在做哲学的事情,也就是通常强调的"专业性"(professionalism),但如果不和研究对象结合,与自然科学联手,就无法追根溯源,对知识和真理作出准确的评判。因此,自然科学的必要性在此显露出来,毕竟这个学科是直接能够和客观打交道的领域,提供了学术研究的标准和方法。自然科学的特性要求其追求精确,获得描写和解释的充分性(descriptive and explanatory adequacy)。哲学认识论的判断是否准确就需要向自然科学借鉴方法,通过自然科学与自然界发生联系。科学和哲学的相关性就是奎因自然化认识论思想的先决条件,"认识论与科学基础发生联系"(奎因,1969)。在奎因的思想体系中,数学可以作为认识论的研究分支。这可能是由传统意义上数学和科学的关系决定的,这也是奎因一直对形式逻辑和集合理论(set theory)有兴趣的原因。数学提供了简化工具,构成了认识论的寻求方法。这里所探讨的自然化认识论不是数学问题,而是心理学问题,也就是奎因所研究的逻辑和集合理论的指向,即所有物理现象,比如"丛林语言学家"所遇到的土著语言所指的现象。事实上,物理和数学关系复杂,相同之处在于均寻求认识的精准,并且后者给前者提供了演算工具;不同之处在于物理是客观尺度,而数学关乎心理和心智过程。在研究奎因思想的时候,人们会发现"物理数据、心理主义以及数学"这样的术语杂乱无章地分布于各处,似乎形成了矛盾性;但事实上,这些概念有机地结合在一起,构成了完整自然化认识论哲学思想的组成部分。有必要从本源、反叛以及自然化认识论等方面对奎因的思想进行回顾,以便厘清基于科学主义的认识论产生的原因、表现和适用范围这些问题。正像上面所提到的那样,奎因对数学和逻辑有持久的兴趣,这可能与其成长的学术环境有关。奎因脱胎于分析哲学,一个擅长意义分析的哲学语言流派,一种把注意力放到"概念"而非"现实"的哲学方法("分析"的本意),因此本章的细节探讨从奎因与分析哲学的渊源开始。

一、奎因与分析哲学的渊源

对意义和逻辑的探讨是奎因一生所致力的工作,这源于分析哲学当中的罗素传统。"分析哲学"鼎盛于第一次世界大战时期,是英美传统(Anglo-American Tradition)哲学方法,尽管地理意义上的大本营在欧陆,即"维也纳学派"(Vienna Circle)。分析哲学来源于罗素和摩尔(G.E.Moore)的学术观点,遵循着英式的经验主义传统,目的是对抗欧陆的理性主义和理想主义哲学流派,尤其是盛行于德国的哲学传统。"分析哲学"作为哲学术语一般被称为"语言学转向"(linguistic turn),原因是分析哲学家们发现哲学概念是否精确取决于语言概念是否精确。语义的澄清是哲学概念澄清的语言基础,如"善良""正义""邪恶""不公"等这些伦理学评判术语,其意义首先需要语义上的界定,内涵和外延只有在概念上确定以后才有机会把它们作为哲学术语进行讨论。分析哲学用来解决哲学史中出现的问题,这些问题的出现是由于哲学家错误理解和使用了语言,因此对语言和概念的详细分析可以澄清这一问题。

分析哲学一般认为源于英伦的经验主义传统,与英伦三岛很多哲学家的思想有关联,如洛克(John Locke)、伯克利(George Berkeley)、休谟(David Hume),以及米尔(John Stuart Mill)等人,追随培根的经验主义观察和实验的研究方法,反对先验式的推理(a priori reasoning)。后者属于公理式的(axiomatic)、不言自明的真理(self-evident truth),无法知晓客观世界的本来样子。经验主义哲学家因此把先验式的推理归类于演绎逻辑(deductive logic),属于数学和逻辑范畴,不能作为知识和真理的评判标准,因此严格区分了"逻辑原子主义"（logical atomism）和"逻辑实证主义"（logical positivism），二者的区分是早期分析哲学的标记。作为早期分析哲学家，罗素追求数学式的精确，尝试模拟数学构建精确的逻辑语言，认为"表面语法"（surface grammar）掩盖了"逻辑语法"（logical grammar），后者才能够帮助人们了解命题的本意。他同时指出，复杂的命题可以简化成简单命题之和来理解，如果逻辑无法保证这种简化，那么陈述毫无意义。罗素的观点影响了"维也纳学派"，代表人物是卡纳普（Carnap Rudolf）和石里克（Friedrich Albert Moritz Schlick）等人，流派既包括哲学家也包括数学家，均是逻辑实证主义的拥趸，认为所有陈述要么是可以用科学方法验证的命题（scientifically verifiable proposition），要么是逻辑循环命题（tautological proposition），也就是说有"综合命题"和"分析命题"之分。另一个分析哲学大家是维特根斯坦，被认为是历史上伟大的语言哲学家之一。与导师罗素相同的是，维特根斯坦同样质疑欧陆"日常语言学派"（Ordinary Language School）的观点，认为"哲学的目的是用逻辑的方式澄清思想"（维特根斯坦，1921）。哲学的功能是指导语言的使用，尝试把复杂的陈述简化成其逻辑成分之总和。这样做就会避免错误使用词汇，造成哲学深度假象。"凡是能够说的，都能够说清楚；凡是不能谈的，就应该保持沉默"（维特根斯坦，1921）。不过和奎因一样，后期维特根斯坦放弃了分析传统，走上了实用主义路线。

作为分析哲学的代表人物，奎因坚持了经验和分析这两个路径。他分享了罗素的研究方法，在数学和逻辑学上有大量的著述和研究，很多文献都涉及数学和逻辑问题。例如，在《悖论的方式以及其他文章》（奎因，1966）一书第三部分中，有近十页的篇幅讨论数学问题。奎因认为，数学是很好的证明方式。通过大量篇幅对数学问题的论述，可以看出奎因在数学方面受到了很好的训练，有着精确和推导式的理解。奎因举了一辆加速运行汽车的例子来说明如何用精确的数学语言描写客观过程。他反复强调数学的重要性，是因为一直以来数学的地位经常受到动摇。牛顿（Issac Newton）和莱布尼兹（Gottfried Wilhelm Leibniz）的微积分理论并没有提升人们对数学的兴趣，反倒在认识世界的功用方面越来越弱。奎因并没有在其著述中分析数学衰落的原因，事实上恰恰是经验科学的产生和发展导致了数学在哲学体系中的地位下降。从伽利略开始的现代科学把实验和观察作为认识的主要方法,代替了内省和演绎式的数理认识方式。尽管如此,那些继承经验传统的哲学家和科学家们,并没有放弃数学这一强大的认识工具;相反,会依赖这一强大的演算工具辅助经验科学的研究和发现,如伽利略(Galileo Galilei)和开普勒(Johannes Kepler),其中后者以关于行星的"开普勒定律"(Kepler Law)而闻名。奎因在分析哲学体系内反复强调数学的作用,其目的也是暗示这一工具的重要性,提醒业界数学(内省)与经验科学(客观)并不矛盾,反倒是相辅相成,更好地促进人们对世界的认识。这种观点符合逻辑实证主义所强调的真理和知识所需要的两种求实方式:既要在数学上能够被推导,也要在经验上被证明。与数学并行的是逻辑,也是哲学家们所关心的问题。数学和逻辑具有密切的联系,前者一直被当作后者的一个分支来对待,属于传统意义上哲学重要的研究工具。以亚里士多德体系为主的理性主义方法其核心工具就是逻辑,通过数理式的方法对知识进行先验式的推导。虽然经验主义反对这种认识方法,但逻辑理论始终没有过时,一直是人们认识世界的重要工具。逻辑也是分析哲学重要的研究对象和媒介,如上面所提到的分析哲学代表人物罗素,本身就是逻辑学家。同样,作为大西洋对岸的另一个哲学家——奎因对逻辑同样有着深厚的兴趣。就在《悖论的方式以及其他文章》(奎因,1966)数学那一章后面,发表于1960年的另一篇文章就是谈逻辑的,题为"现代逻辑的应用"。此文中,奎因认为逻辑属于理论应用,是数学的研究工具:"现代逻辑在纯数学的基础和原理的理论性研究中扮演最重要的工具角色"。由此可见奎因对逻辑重要性的理解,以及逻辑和数学密切的关系。逻辑方面,仍然在《悖论的方式以及其他文章》(奎因,1966)中,奎因提到了"哥德尔定理",指出此定理在数论方面所起的作用,暗示基于逻辑语言命题陈述的精确含义,从侧面证明了语言命题与逻辑的关系。另外在其他一些专著和论文中,奎因大量研究了逻辑问题,体现了其逻辑学家的素养和兴趣,以及用"逻辑"进行"分析"的分析哲学理想。

最能体现奎因分析哲学思想内涵的是经验主义思想,正像上面所强调的那样,这是英美哲学传统,也是其意识形态中主流的价值观。经验主义与理性主义和理想主义对立,用前者作为工具,奎因反对第一哲学和形而上学。奎因不仅是经验主义者,而且是极端经验主义者(radical empiricist),这一点他比其他人走得更远。奎因的经验主义理想也是其哲学体系与其他体系不同并且显得很独特的原因,涉及所有那些关于语言的论述,以及客观性数据(physical data)、主观性理论(subjective theory)、语言输出(linguistic output)的关系,这是本书探讨的焦点,将在后面详细阐述。总之,奎因是彻彻底底的经验主义者(extreme empiricist)换一种说法,奎因不仅是经验主义的倡导者(proponent),也是践行者(practitioner)。在这个意义上,他是一个革新家,提出了如何在经验的指导下对认识论进行改良,而不仅仅停留在概念和分析上。虽然对数学和逻辑这样的形而上学问题有浓厚的兴趣,但其本质上是一个物理主义者,很多哲学问题都是建立在物理学这一基础自然科学体系之上,前者只不过是更方便地探讨这些问题的工具。

二、奎因对分析哲学的反叛

事实上传统分析哲学理论虽然基于经验主义,但本质上仍然属于思辨哲学范畴。"分析"(analysis)属于理性主义方法,指向理念而非实体。尤其对语言的分析,仍然走的是"形式化"和"理想化"的路线,所分析的句子仍就属于在语法上完善并且在语义上符合逻辑的句子(grammatically and semantically well-fledged sentences),而不是日常语言学派所提倡的活的实际使用的语言。因此,尽管分析哲学遵循经验主义传统,采用逻辑实证主义方法,但最终仍然是形式化的研究方式,无法和真实客体直接发生联系。这一切就是奎因所面临的哲学认识问题,也是他从分析传统走出来转向科学主义的原因。正像上面所表述的那样,奎因的转向非常像维特根斯坦的做法,也是从分析哲学中来,然后摆脱了这个传统,转向了日常语言学派。维特根斯坦早期在导师罗素的影响下或许和老师有相同的爱好,对纯逻辑有兴趣。他认为逻辑是自洽的(self-compatible),可以构建一个自主的形而上学体系,并且语言可以用这种体系来证明其可以完全作逻辑式的分析。经过多年思考,维特根斯坦意识到这种简化有很大问题,因此在《哲学研究》(维特根斯坦,1938)序言中坦言前期犯了认识上的错误,这标志着其前期思想和后期思想的分野,也就是理念上的转变。前期认为哲学可以影响语言,通过建立语言的逻辑结构,就可以消除哲学上的认识问题;后期转向了日常语言观点,认为语言和逻辑是两套体系,哲学对语言不能起到任何干涉作用,二者无法合二为一。语言是自主体系,即一个来源于生活又反映生活的交际系统,形式化和理想化并不是语言的本质特征。

语言有自身的规则,更像一场游戏(language as a game),语言的本质在于使用(use)。奎因也有相似的转身经历,从一个罗素式的分析学家转到了科学思想家。事实上,正像上面所述的那样,分析哲学内部结构松散,虽然推崇经验主义,但也强调逻辑和数学这样的先验方法的重要性。分析哲学并没有完全迈入自然科学的大门,还停留在数学、逻辑和语言这样的形式化领域。不论是罗素、弗雷格,还是卡纳普和维特根斯坦,都致力于研究意义,而不是意义的上溯,因此只是形式化和理想化的意义,并不是使用和行为的意义。分析哲学尝试使这个学科科学化、分析化和逻辑化,只有第一点才和物理学发生联系。分析哲学家的工作更多体现在对概念的研究,通常通过研究借助语言所表述的概念或命题的方式完成。这种方法归类于形式范畴,也就是说,比如人们想定义一个概念,就会分析表述这个概念的陈述句中所隐含的逻辑结构或者"逻辑形式"(logical form)。借助逻辑符号(symbolic logic)是数学经常采用的方法。逻辑方法是分析哲学家所依赖的方法,利用语言作为突破口,力求哲学表达的准确。但这种方法的缺点也是显而易见的,证明过程是从概念到概念的过程,再精确也只能是构建了一套逻辑严谨的推导体系。比如,想定义"单身汉"(bachelor)这个词,就需要一系列的其他概念进行描述,如"未婚的""男性"等。事实上,逻辑定义是概念到概念的过程,是一种语义上的重复,逻辑上的循环。奎因也许意识到了这个问题,所以从传统分析方法中脱离出来,走向了科学主义,达到心理主义和物理主义的目标。

奎因的反叛是从 20 世纪 60 年代一系列论著发表开始的,如《经验论的两个教条》(Two Dogmas of Empiricism)等著述。通过批判"经验论的两个教条",提出了依赖意义进行分析而不是综合事实判断观点的问题。两个命题不能有效区分理性之真理和事实之真理,任何真理或者知识判断都应该还原到那个客体现实,仅仅依靠纯逻辑判断是不可靠的。另一个教条涉及"还原论",认为有真值意义的陈述都等价于名词的词典定义。这种定义是词典编撰经验,仅此而已。奎因对两个教条的批判,是对传统经验哲学的批判,致力于改良那个以命题或者陈述为基础、词汇指称意义为指向的"经验主义"。批判的目的是获得真正的经验主义。事实上,奎因的经验主义实际上符合其出现时候的本旨,也就是培根的归纳方法和伽利略的实验方法。经验主义本质上反对亚里士多德的理性主义,因此本身就具有了科学内涵:实证、归纳和客观。所以准确地说,奎因反叛的并不是真正意义上经验主义,而是分析哲学中的经验主义。在后者的框架下,虽打着逻辑实证主义的旗号,事实上采用的还是唯理主义方法:分析和形式化或者理想化。虽然在分析和综合命题上作了区分,本意仍然是把命题作为研究对象和重点,因此忽略了命题所能上溯的对象。经验主义的目的不是分析,而是上溯。因此在分析哲学领域,无论是综合命题还是分析命题,在研究中只做到理性分析,并没有去观察实验,所涉及的是陈述借助理想化的语法/语义的语言而不是日常生活中观察和搜集的语料(corpus)。分析和综合的区别已经成了近代哲学公理式的思想体系,分析哲学家们在区分的过程中忘记了他们在探讨的是概念而非现实。这可能正是奎因批判和反叛分析哲学的内在原因。奎因表面上看是极端经验主义者,实际上是真正的经验主义者,他尝试履行经验主义哲学家的职责,完成经验主义这个承诺,也就是科学方法、指称上溯、客体还原。具体做法就是自然化认识方法论的提出,批判主观过程的可靠性,通过语言这一表达工具实验和证实哲学科学化、科学方法(心理和物理认识)的有效性和实用性。这一切都是本书关注的问题。

事实上,奎因与古德曼(Nelson Goodman)是美国分析哲学两大代表人物。尤其是后者把触角伸向逻辑和语言领域,认为二者本身就是承载关于现实的理论结构,而不是与理论无关的分析工具。这就是奎因为什么把语言和逻辑作为观察对象的心理动因。在这一点上,奎因是"建构主义者"(constructivist),始祖是罗素、维特根斯坦以及一些逻辑实证主义者。"建构主义者"针对的是"描写主义者"(descriptivist),包括20世纪英国哲学家摩尔(G.E.Moore)、赖尔(Gilbert Ryle)和奥斯汀(John Austin)①等人。当然,虽然奎因与其他建构主

———————

① 应和另外一位同名同姓的语言学家区分开,后者也是英国人,是"言语行为"理论开创者。

义者方法一致,但学术目的不同。他所要达到的是科学这个理想,这可能与美国传统(包含学术传统)保持一致。总的来说美国是理性、经验和实用三位一体的国家,把经验和实用作为国家发展的主要价值取向。经验传统在某种意义上等同于科学传统,实证(experimentation)和检验(verification)作为真理的判明方法。在这样的主流价值观影响之下,社会有一个科学倾向不足为奇。同时,这也和美国的科学传统相契合,这是美国成为一个在科学领域不断创新的世界强国的原因。在这里,有很多文化、心理、社会、历史以及意识形态方面的原因,就不一一论述。总之,奎因的科学观正是美国科学传统在个人身上的体现。甚至在他的体系下,科学主义走到了极致,不仅执着还原客观现实,甚至希望哲学也变成经验科学,采用经验方法。

三、自然化认识论和认识的自然化

如上阐释,很容易看出奎因哲学的内涵在于自然化观点,体现在自然化认识论上面,给哲学提供了自然科学的认识和评判标准,促使前者向后者靠拢,变成后者的一个分支。当然哲学还是哲学,学科名称不能改变,只不过认识的标准发生了变化。作为本研究的"工作定义"(working definition)和"约定定义"(stipulative definition),自然化认识论可以定义为:哲学的一个分支,用科学标准研究知识的本质、范畴和限制。此处自然化认识论的定义参照认识论的定义而来,是对传统认识论的重新修改和界定,或者说给后者规定了操作条件和暗示了发生语境,也就是只有在自然科学框架下才能有效和运作。"自然化"作为新的哲学术语源于哲学家奎因,其目的在于进一步规范认识论的研究体系,结合新的知识和理念推动认识论的发展,以达到研究的创新,给哲学领域提供新的研究方法以及全新的观察视角。

"自然化认识论"是名词短语,因此作为"物名称"(object-referring noun)指代新衍生出来的哲学学科,在"认识论"这个领域拓展出来的新的研究方向。奎因哲学最大的特点在于实践性,达到"知行合一"(knowing and acting being blended into one)。它不仅提出了一个新的认识论的概念,也积极付诸实践,这也与作为一门思辨学科(哲学)尝试用实验学科(科学)方法的理念相吻合。科学,尤其是经验科学,属于行动学科(acting subject),在理论构建之前要亲历亲为:观察、实验、统计、验算,总之需要和客观世界发生联系。不论通过感官的方式（观察、实验），还是借助工具（tool-aided），像计算机或者仪器，自然科学的知识确定需要通过人们和客观世界接触的方式做到。这也包括对主观世界的研究，比如意识和大脑，同样把后者变成客观对象才能进行操作。所以，在自然科学角度，必然有两个对立的实体：主体（subject）和客体（object）。前者是观察主体（observing），后者是观察对象（observed）。前者主动展开观察，以一个观察者视角（observer's perspective）对后者进行观察，以获取对后者的理解和认识。同理，作为自然化认识论需要根据自然科学标准展开，也要"知行合一"。它不仅是一个名词（noun），同时也要作为一个动词（verb），需要用行动（action）体现，这个动作就被称为"认识论自然化"。这个概念是奎因在 20 世纪 60 年代提出的（奎因，1969），作为一个术语经常被提及。哲学和科学有所不同，毕竟不能亲自去与客体发生接触。所以他为了使认识论变成一种行为和动作，更多的是通过"言语行为"（verbal action）的方式达到目的。其中一个就是呼吁心理学进入哲学领域，这样后者就通过转换的方式（动作）变成（另一个动作）心理学的分支。在具体行动上，奎因区分了两个相互补充的部分——概念和学说（格里高利，2008）。认识论的概念部分用来厘清术语的意义以及它们的关系；而学说部分最终展现一个可能的理论判断过程。因此，在这里奎因对认识论作了详细的专业区分，探讨了概念和学说的不同。前者是语义上的关系，为逻辑循环式的定义，发生在思想内部；而后者是外延关系，把概念延展到研究对象身上，对其理论的有效性进行判断。事实上，二者的区别在于内涵和外延的区别。总之，认识论的自然化就意味着对心理学的诉求（appeal for psychology），"对奎因而言，学说的困境和概念的进步历史就要求两种统一，这就使心理学方法成为认识论最有前途的道路"（格里高利，2008）。奎因曾三次呼吁用心理学来解决认识论问题，促使认识论自然化。心理学的参与说明人们在认识角度陷入困境，需要新的方法和视角，尤其那些可以对传统形而上学改善和提升的方法。心理学的使用也弥补了语义学所存在的问题，解决了真值条件语义学过度简化的缺陷。心理学的参与可以敦促人们从分析到溯源，不仅能够理解命题句子逻辑内涵，也可以看到其所描述的真实情况。总之，心理学的参与挽救认识论于困境，给语义学提供了客观分析标准，让人们的视野从狭小的逻辑空间拓展到更加广阔的客观世界，达到更加开阔的认识领域。

奎因呼吁认识论中心理学的参与提升了后者在哲学中的地位,确立现代科学在认识领域所起到的关键作用。心理科学恰恰是反映认识理论不断发展的一个风向标,标识了古希腊到现代西方科学认识的进步,也就是从思辨到行动的进步。在这一点上,可以回顾亚里士多德的"古典心理学"(classical psychology)体系,是"思辨心理学"(introspective psychology)基于"分类学"(taxonomy)理念,把人体认知比成完美的逻辑系统,可以形式化和公式化。这种公理式的人类思想认识基于这样的前提:人脑是完美的处理工具,没有冗余和错误,会精妙地处理信息和精确地记忆。事实上,亚里士多德的心理认识,类似于对计算机的理解:人们给出一个指令,机器对指令作出精确反应,从而准确地完成一项计算工作。古典心理学恰恰反映了古希腊的完美思想体系,寻求"对称"(symmetry)、"简洁"(simplicity)、"平衡"(proportion)和"一致"(consistence)。这种认识方式符合古希腊的完美宇宙观,不仅是描写的(descriptive),假设宇宙万物运行的真实形态;也是规定的(prescriptive),把这种模式推广到每一个事物范畴。现代心理学恰恰是行动的科学,通过实验和观察获得大脑真实的状态:混沌(disorder)、错误(error)、不一致(inconsistency)。现代心理学通过做的方式进入内部的神经结构(neurological structure),知道了信息如何通过神经元(neuron)传导的方式,尤其人的情绪、情感甚至是歇斯底里所存在的内部心理动因等,这些都是通过实证研究所获得的,确定了"所为"(doing)在科学角度认识世界中的有效性,弥补了古典思想体系中"所思"(thinking)的不足和缺陷。奎因对心理学的呼吁恰恰是彰显现代科学在认识论中的地位,通过对头脑(既是认识工具,又是认识对象)认识的进步来带动认识论的进步,也就是从本体到认识再到认识实践三段式的发展,给当代哲学指出了一个科学方向。

奎因心理学的出现在一定程度上否定了"笛卡尔二元论"精神和客体不能统一的假设。通过心理学的参与,认识论从怀疑到确定,是人们可以观察到的确确实实的行为和经验,有确定的客观来源。同时也解决了休谟式的悖论(Humean Predicament),也就是事实判断和理念判断无法互推这样的矛盾。休谟继承了欧洲理想主义和怀疑论传统,并且把后者发挥到极致:不仅怀疑物质的存在，同时也怀疑精神的存在。因此即使物质和精神并存，对二者的判断也无法进行。休谟的"极端怀疑论"（radical scepticism）体现在对因果论（causation）的质疑上，否定了前期哲学所建立的因果关系，直到这种怀疑向上追溯到上帝的存在。极端怀疑导致虚无主义，因此一切与事物相关的形而上学思想应该"付之一炬"（committed to flames）。休谟的观点指向培根、洛克以及伯克利等人的经验主义观念，后者强调经验会引导人们把世界按照因果关系建立联系。就像苹果成熟以后，会按照重力（gravity）引导落地一样，具有可归纳性和推导性。休谟对这一切都表示怀疑：怀疑人的记忆力、推理能力、从经验学习的可能、推导未来事件的可能等。休谟的质疑最终涉及知识，体现在认识论领域。这一切问题还得以经验主义复苏来解决，并且匹配的是"极端经验主义"（radical empiricism），也就是奎因的自然化认识论。在奎因的思想体系中，世界的"因果关系"（causal links）得到了强化，不仅精神存在，而且物质也存在，一直追溯到客体本身。经验主义不仅体现在非生命领域，也体现在社会领域［如行为主义（behaviourism）思想］；极端经验主义不仅存在于物理世界，即"物理现实性"，也体现在心理世界，即"心理现实性"。因此，奎因的本体论体系中物理学方法和心理学方法二者并存，通过把二者放到纯自然科学体系中的做法强化其经验和唯物属性。这样，就会有可靠的推理过程，建立可靠的因果关系，形成确定的认识判断；就会有着最终有效的认识论体系。这一切都建立在能够确定的存在（being）上，也就是认识论体系下所能依据的本体性。

第二节　本体相对论

与"自然化认识论"并行的是奎因的"本体相对论"（ontological relativity），也就是"本体复兴"（ontological revival），从注重思辨和怀疑的思想回到了客体本身。奎因的本体思想旨在让哲学回到客观对象上，摆脱形而上学和休谟式的极端怀疑论的影响，还原一个可以感知的真实世界。其本体论理念体现在自然化认识论这一理念上，让哲学进入自然科学范畴，承认经验的现实性以及研究方法的物化属性，从而使真理或者命题基于确定的物理来源。奎因的本体思想存在于"本体论承诺"（ontological commitment）上，通过承诺，提升了本体论在哲学思想中的地位，把它放到了与自然科学理论同等重要的地位。本体论承诺来源于对传统哲学的反叛，驳斥第一哲学的思辨理据，从"形而上"领域（metaphysical domain）回到"形而下"领域（physical domain），自然就转到了自然科学所涉及的研究范畴，把本体或者客体作为考察对象，以获得认识论判断和评价的现实依据。第一哲学认识本体为精神或者宗教意义上的客观存在，在形而上学占主要地位的年代一直是哲学所要解决的中心问题。这样的问题过于先验和晦涩，从柏拉图的精神哲学开始一直困扰西方思想界，直到笛卡尔二元论的出现，质疑达到了顶峰，成为西方现代哲学所要解决的"斯芬克斯之谜"（Sphinx Riddle）。形而上学本体思想的破解伴随着经验主义的发展和现代科学的进步而来，当人们把认识从视网膜之内（思辨领域）移到视网膜之外（感官经验），形而上学本体论就有了被放弃的机会，自然科学方法就有了上位的可能。事实上，奎因呼吁对科学方法的运用，即"心理学的呼吁"，恰恰是挽救本体论，使这门从古希腊开始兴起的研究领域重新复兴。思辨科学的缺陷不能否认本体性的价值，因此奎因尝试通过对本体的探讨重新走上"本体复兴"之路，从而回到了古希腊的研究模式，把认识对象（the known object）重新拉回到哲学的中心舞台，以此更好地弥补认识论的缺陷。奎因的本体认识方法就是上溯，在这里上溯就是假定认识过程不完整，必须参照认识对象才能更好地对知识和真理作出准确的判断。因此，奎因认为，需要运用现代逻辑原则，重新阐释本体过程，构建现代本体论的话语。

　　奎因的本体研究涉及大量的逻辑问题，在这一领域有浩繁的专业论述，形成了系统的本体论的辩论模式，包括如何构建命题、如何理论和如何反驳等。在这里又回到了语言问题，也就是如何通过形式方法展开日常讨论。比如当一个人说某种东西不存在，另外一个人驳斥他/她最好的方法就是强调如果那个东西不存在对方怎么能够谈论它。这种思维模式是诡辩式的（sophistic），因此对哲学和逻辑研究造成了困扰。困扰的原因是如果反驳逻辑有效的话，"何物存在"这样的本体探讨无法存在，没有任何语言能够表达我对他人关于某物存在信念的质疑。因此,在这里,不得不区分哪些属于语言范畴,哪些属于客观范畴。当人们进行诡辩的时候,无关客体存在,人们假定的是语言所涉及的信念的存在。因此本体既包含概念的存在(psychological being),也包含客体的存在(physical being)。因此,奎因在研究本体论的时候,应该在同时做两件事情。一方面,他研究形式逻辑(formal logic),也就是类似于上面所提到的立论和反驳逻辑。这是一种数理研究,解决语言之间或概念之间的相互关系,像罗素和其他分析学家所做的那样,提供准确的逻辑思维方法,构建精密的逻辑体系,获得理想化的逻辑系统。另一方面,他倾向于自然科学,建立科学化的逻辑(science logic)体系,现实以真实客体为依据,构建能被验证和证伪的科学逻辑系统,连接最上溯的物理数据和最终的语言输出。这种逻辑是用来发现和传播(to discover and inform)知识的,而不是用来辩论甚至诡辩(to argue and quibble)。总之,逻辑系统是奎因研究所依赖的认识工具,用逻辑构建本体体系。有趣的是,奎因的形式逻辑和科学逻辑恰恰构成了其认识论领域的完整认识过程,前者存在于概念系统里,是纯形式化的,发生在词汇和词汇之间(word-word)或者概念和概念之间(concept-concept),这是奎因的心理学思想,表达心理现实性这一主张;而后者是词汇和客体之间(word-object)或者概念和客体之间的(concept-object)关系,这是奎因的物理主义思想,在语义学上体现在"指称关系"这一术语上。在这一领域,词汇或者概念直接延展到了外指对象,把认识从基于数学和逻辑方法的形式化推理过程转移到了基于客体和感官经验的认识方法的自然科学领域。从精神(spirit)到实质(substance)是完整的认识过程,这是奎因本体哲学的管辖范畴,并且从物理到心理实现反向的科学化,构成了其自然化认识论的本质,也给本研究奠定了理论基础,即在心理主义和物理主义互动模式指导下的自然主义语言思想。

奎因本体论承诺旨在把自然科学理论和方法引入哲学范畴,通过理论构建和命题结构还原世界的本来面目,形成基于逻辑表达的科学哲学学科体系。奎因的本体观点也来自对科学的反思,在科学发展过程中,新的理论和新的观点都是基于对上一个理论和方法的批判。就像毕达哥拉斯认为"地球是球体",是对"地球为方形"观点的修正;再如哥白尼(Nicolaus Copernicus)的"日心说"(heliocentric theory)挑战了托勒密(Claudius Ptolemy)的完美宇宙观,认为"地球"是宇宙中心的神学思想。尤其是要提到伽利略和培根,现代科学(观察和感官经验)的先驱。二人思想终结了亚里士多德思辨哲学和科学,为现代哲学和科学发展奠定了基础,影响了后期很多流派,包括分析学派和奎因思想,影响主要体现在经验这个范畴。近代科学同样通过不断的修正向前发展,重要的突破是爱因斯坦狭义和广义相对论(special and general theory of relativity),修正了牛顿的经典力学思想(classical mechanics),改变了过去一直流行的恒定宇宙观(notion of constant universe),在力学体系上提出了在大质量天体附近空间可以弯曲这样的假说,颠覆了牛顿体系下对力(force)以及物体与物体(object-object)之间或天体与天体(celestial body-celestial body)之间以力为媒介相互作用的关系理论;尤其是"大爆炸"(Big Bang)理论的出现,进一步修正了经典无限宇宙观(notion of infinite universe),时间有开始,开始于爆炸那一刻的"奇点"(singularity);空间有尽头,即膨胀边界(margin)。与经典物理不同的是,宇宙经历了一个演化过程,而且仍然在演化。因此,宇宙不是结果(product);而是过程(process)。

科学的不断修正带来的是认识的不断修正,因此产生了科学相对性这一概念:人们只能认识部分真理(partial truth);通过不断的认识趋近最终真理(ultimate truth)。科学相对性符合奎因思想中的本体相对性,来源于认识的局限性(constraint of knowledge),因为无法精确地看清本体的样貌。因此在证明手段上,科学方法的有效性(validity)是一个相对的概念。要么有一个共性的认识手段,基于人和人在判断上的一致性。比如通过观察,凭直觉觉得地球更像个球体,这可以在乘坐轮船或者飞机的时候通过观察海洋或者天际来证明。直觉法既有经验式的观察,也有数理式的内省(如可以通过力学计算了解直径大于800公里的天体只能是球体)。要么有一个个性化的接受习惯,如奎因更偏向于经验科学,通过观察和实验的方式来证明地球形态。这基于一种共识:科学方法相对更可靠,更能接近真理和真相。综上所述,不难看出奎因本体承诺是建立在如下矛盾上的:一方面人类认识是不足的,另一方面认识只能是了解世界的唯一手段。

一、本体的内涵

作为专业探讨,有很多种起头方法,本体思想也是如此。所有的专业讨论都从定义开始，其中历史定义（historical definition）是行之有效的手段，尤其对那些古老的词汇而言，在解释词义的时候有必要说明其来源（word origin）和本义。本体内涵体现在"本体论"这个词汇上，研究的是"存在"这一概念。"存在"有两种英语表达方式，词汇 be，是一个自由词素（free morpheme），系动词，衍生出 being；还有一个前缀 on，也就是构成 ontology 的词素。在德文和法文中都拼成 ontologie，最早可以追溯到拉丁文 ontologia，而拉丁文又转自希腊文，是 on 和 logos 的集合体。词汇 logos 翻译成"洛格斯"是"逻辑"的意思，后泛指理论或者学说。事实上，英语中 logic（逻辑）这个词就是希腊语 logos 的转译。

"本体论"（又称"实体论"或"存在论"）是与"认识论"相对应的概念，顾名思义，就是研究"存在"的哲学体系，指向的是研究对象本身，因此与研究"知识"的认识论体系相对应。本体思想一般指源于古希腊的哲学形态，从当时的智者对宇宙和自然的兴趣引发，因此可以算作古希腊哲学研究方法和形式，并且在那个时期奠定了基础。而作为术语，"本体论"是晚于 17 世纪由德国学者郭克兰纽（Rudolphus Goclenius）提出的，同时由沃尔夫（Christian Freiherr von Wolff）完善并从理论上系统化，从此本体论产生并且成为与认识论并行的哲学概念。

从本源来说，本体体系源于希腊的自然主义思想，是由巴门尼德（Parmenides）、爱奥尼亚学派以及德谟克利特（Leucippus）等从研究世界物质结构开始的，第一次把客观世界用唯物的（materialistic）观点加以解读。从朴素的"基本物质"（fundamental substance）理论出发（参照中国古代的唯物观），证明这个世界是物理性的，是由实体构成，不以人的意志为转移的存在。尤其是德谟克利特的最原始的物质结构理论，更进一步夯实了世界实在的观点，同时表明这些客体不仅存在而且可以切分成层次结构。这一观点是最原始的"原子结构理论"（primitive atomic structure theory），奠定了唯物思想的基础，成为现代科学如物理学以及化学甚至生物学理解的根基。

本体论思想解释的是实在或者存在这一概念，因此是哲学很重要的思维方式，在古希腊就已经形成了系统的研究方法和观点。在那个时期，本体不仅是唯物的，如对世界本质上是原子结构（atomic structure）的假定，关注的兴趣在风雨雷电等这样的物化自然现象；也是唯心的，即在精神或者形式方面的探讨，构建非本质性的本体论体系。后者的奠基人是柏拉图（Plato）和亚里士多德（Aristotle），二者的本体思想对后期西方思想界产生了深远的影响，一直是哲学家尝试解决的问题。柏拉图的本体是"理念"（Idea）①或者"形式"（Form）②，一种超越凡间的理想存在（ideal being），等同于抽象或者僵化的范畴（category），因此是抽象并且晦涩的存在，既不能被感知也不能被理解。事实上，柏拉图的本体是"柏拉图式的存在"（Platonic Being），只可能存于灵界（divine world），也许是宗教可能理解的概念；但和人之间组成的现实认识世界似乎没有关联，无法用感官甚至理性来理解，由于太过形而上，因此使柏拉图的"真善美"三位一体（trinity）的思想成为其内在的逻辑判断，至善（absolute goodness）等同于至真（absolute truth），等同于至美（absolute beauty）。三位一体的认识体系把"真、善、美"放到了至点（paramount point）上，在最高世界完成了统一，因此是公理式的。尽管在逻辑角度导致了"苏格拉底（柏拉图）式悖论（Socrates'/Platonic Paradox）"，但是在超越逻辑和理性的更高世界矛盾即可消失。事实上，悖论不是体现在逻辑推理和逻辑推理之间（from logic to logic），而是理性世界和神性世界之间（from reason to religion）。所以为了解决柏拉图问题的思辨困惑，很多人进行了尝试，其中康德贡献最大。他通过把精神世界和现象世界联系的方式来阐释二者是如何沟通的，也就是说，人们脑海当中有先验的范畴（transcendental category），和外部世界契合，这样就能更好地理解客观经验。当然，直接解决这个本体性问题的是柏拉图的学生亚里士多德。后者虽然是西方"理性主义"［rationalism，与"理想主义"（idealism）相对应，后者柏拉图是先驱］的先驱，但他也是"经验主义"（empiricism）的鼻祖。虽然亚里士多德的经验主义并不像伽利略或者培根那样纯粹（观察和实验、知识和真理都来源于此）；而是依赖逻辑和数学方法，因此对其经验说理的判断来自其对世界的认识：世界是实体，按照种属（species）和类别（genera）进行分类。亚里士多德的本体世界是一个人们所能感知的经验世界，作用于

---

① 英语用大写，是特指，指柏拉图的"理念"。
② 英语用大写，是特指，指柏拉图的"形式"。

人们的感官,是真实存在的,这就是他批判其老师观点的认识来源。事实上,亚里士多德强调本体不是事物的属性(quality),而是本质(essence)。事物的存在通过上下逻辑包含关系体现,本质不仅体现在种属上,也体现在类别上。在他看来,世界是人们知道的范畴,是可知的,既能被感知到(perceivable),也能被推理(inferable)出来。"存在"位于人们的经验范畴(scope of experience)内,离人们感官越近、越清晰,经验性越强。亚里士多德的本体理论说清楚了形式和本质的关系,前者决定后者。这种关系就决定了哲学所要研究的内容,也就自然把本体研究作为哲学的起点来对待。事实上,本体论的核心问题是关于"存在"的问题,追问的问题是"是"(what to be)和如何"是起来的"(how to be)。从根源角度,这是哲学和科学的困惑之一,只能假定存在优先于一切。这种先验式的解读来源于人们认识的不足,无法知道世界的本源和开始,因此假定存在先于物质本身和属性。这样假设类似于"鸡和蛋"的问题,只能成为哲学思辨对象,无法成为科学知识和定理判断的结果。因此,通常在本源意义上,本体论先行地将存在以及所指搁置起来,不管存在的根源是什么,"是"是确定无疑的客观现实。从哲学角度,人们必须先期建立一个自洽体系,也就是对"存在"的怀疑但又承认"存在"的合法性。最先关注"是"的是巴门尼德,他提出了一个明确并且清晰的"是"之范畴,有明确的内涵和外延,通过柏拉图和亚里士多德的发展,本体论成为一门"学问",直到德国人系统地提出了这个概念或者名称为止,本体论的内涵以及研究范畴变得更加清晰明确。历史上,亚里士多德才把关于 on 的学科当作最高的哲学范畴,在哲学中有了至高的研究地位。这也是"形而上学"作为一个概念的起源,按照定义,形而上学探讨本源或者超越感官意识领域的问题,研究对象往往是非形而下的存在,这也使得古希腊基于形而上学观念的本体思想具有了非实体(intangible)的意义和价值,体现了那个时期智者通过精神或者理念思考的特点。这样,亚里士多德通过公理化的数学方法以及古典分类法(classical taxonomy),也就是上位范畴(superordinate category)和下位概念(subordinate category)之间的区别和联系,自然把"存在"变成了逻辑学的范畴,这种分类方法给认知语言学(cognitive linguistics)提供了理论依据,后者在此基础上有所创新。亚里士多德对后世本体研究最大的贡献在于假定"是"是永恒的范畴(consistent category),这个范畴即为后期哲学思想在存在意义上所强调的核心范畴(core category),也就是"存在"本身。

总之,"本体"是为了"认识"所作的铺垫,是从自然哲学(natural philosophy)向着感官哲学(sensory philosophy)转换的第一个阶段。在历史上,先于古希腊兴起,源于人们对自然现象最朴素的好奇和兴趣,并且能够成为现代自然科学引发的认识基础和条件。本体学说在中世纪得到了强化,尤其源于 16 世纪和 17 世纪一些人士对科学的兴趣,如库萨(Nicholas of Cusa),尤其热衷于实验科学。本体思想与科学的密切联系甚至在哥白尼提出的"日心说"理论和布鲁诺(Giordano Bruno)对该理论的哲学解读方面得到了进一步发展,强化了本体性中的科学内涵,促进了"科学实在论"(scientific realism)的快速发展,为现代科学成为独立于宗教和哲学自主的体系打下了坚实的物质基础。

本体性是本研究不可或缺的认识范畴,奎因所关注的本体性同样延续了西方古老的科学传统,把科学作为哲学的圭臬,二者密不可分。奎因的本体思想是自然化的认识主体,这就相当于假定认识对象以及认识本身均为经验式的客观存在或过程。它们是客观存在的,不仅能够在数学意义上进行推导,同样也能在科学体系下得到验证。因此奎因的本体思想可以被界定为"感知本体论"(perceptual ontology),术语来自《一个坚定的外延主义者的自白及其他论文》(奎因,2008),也就是本体是感官式的,因此在感觉(sensation)如视觉这道认识屏障之外,显然归物理学管辖,作为物理数据存在。奎因的观点类似于胡塞尔(Edmund Gustav Albrecht Husserl)的"现象学"(phenominalism),强调感觉器官在发现客观真理时候的重要性,因此对心理领域本体性的演算提出了质疑。物质只有经过感官的筛选和处理才能够成为最终知识和真理的来源,否则认识判断只能陷入逻辑循环往复的陷阱。为了探讨方便,奎因区分了"感知本体"(perceptual ontology)和"感知意识"(perceptual ideology)两个概念,后者是"个人简单或者复杂的词汇以及判断的心理贮存"(奎因,2008)。为了方便理解后者,奎因举了猫的例子:假如一个人只注意到一只猫,而且仅仅这只猫,"猫"这个词会占据其意识范畴的中心位置,成为关注点,这就说明意识是现有刺激的反应,本体是物理数据的直接结果。总之,感知意识和感知本体密切相连，是个体性的、针对特定刺激的，需要最终的还原和上溯。

二、从本体哲学到认识哲学的转变

西方哲学的发展就像其认识过程一样，有着不断上升的演变过程。从最早的本体思想开始，不论是巴门尼德、德谟克利特还是爱奥尼亚学派，均从客观世界这个本体开始，表达了对自然造物这个世界浓厚的兴趣。本体和科学思维密切联系，都是从独立于人和心智（faculty）的客观世界出发。事实上，从古典思想开始，人们就有了两个世界的划分，有很多种说法，这里归纳为"精神世界"（spiritual world）和"物质世界"（physical world）。这种划分第一次通过柏拉图的精神哲学体现出来，然后经过"笛卡尔二元论"的强化，成为专业的学术问题，受到了现代思想领域的广泛关注。两个世界的划分承认了两种本体存在方式，尽管有各种各样的假说，如"统一说""互动说""归属说"等，但不论如何，从古希腊开始，人们就意识到主观世界和客观世界有密切关系。所争论的问题不在于两个世界是否存在，而是谁先谁后或者谁是本质的问题。在本体论角度，显然最早的认识方式是唯物的，或者尝试把客观世界理解成可触摸（tangible）或者可观察（observable）的现象，也就是自然现象，这样本体就有了物质属性（material validity），可以通过作用到人们感官的方式被人类理解和思考。本体假设自然把认识作用到客体上，在这里实际上隐含两层意思：第一是物质优先性，也就是世界本性先于认识；第二是认识来源于存在（狭义上"物质"），也就是认识一定要作用到认识对象上。总而言之，本体性是针对认识的客观性存在（objective being），近指人们周围的物质世界，不论物化的程度（degree of tangibility）有多高，从直接观察或者触及的花草树木、高楼大厦，还是缺乏实在感的空气或无线电波甚至是说话的声音，这一切都是可触及可了解的对象，既是现象，也是一种存在方式；而本体性远指一切实在的本性，一般较为宏观、抽象和遥远，比如宇宙的起源（cosmic origin）、上帝的属性（deity）以及最终现实（ultimate reality）等。后者是形而上学的认识基础，包含所有超越人们感官和认识之外的一切存在。在古希腊，狭义和广义的本体认识并存，像爱奥尼亚学派，从最基本元素开始。当然，本体的认识从经验和常识来看一定是从感官能够触及的存在开始，所以本体性认识一定是以最物化（the most tangibly perceived）的客体如土壤或者河流开始，因此最标准的认识论一定是以感官经验能够触及的对象为基础,越物化,本体性越强,因此本体论可能是最早的唯物主义思想(primitive materialism),这必然给现代经验主义哲学和自然科学的合法性奠定基础。

综上所述,本体思想是认识领域和客观世界相互作用的产物,这应该是归功于感觉器官(sensory organ)。在生物意义上,感觉器官是为了适应环境发展出来的必不可少的有机结构(organic parts),生命等级和复杂性越高,感觉器官越完备。从低等生物的感光性(light sensitivity),到高等哺乳动物专门适用光线的器官——眼睛,直到像人类这样进一步处理外界信息大脑的存在,这一切都是让人们知道周围的存在,从而产生自我意识(self-reflection)和客观认识(objectively based reflection)。因此,本体意识必然有其生物性的原因。本体性指向存在本身,是人们运用感觉器官如视觉的必然结果,是生物性的自我启动过程(biologically automated response),是本能地用感官延展到感知对象的结果,而且这一生理性过程通过大脑的参与和辅助变得更加完善,形成了独特的象征和抽象能力。感知的作用如此强大,以至于早期人类自然对风雨雷电、山川大河这样的光学现象产生兴趣,这就不难理解为什么古希腊人的认识从本体开始。

如前所述,西方哲学从本体向认识过渡,有一个哲学转向(philosophical turn),通常16世纪开始的现代哲学被认为是这个临界点,因此现代哲学除了经验主义产生(哲学和科学的分野)之外,重要的标志就是从本体哲学过渡到了认识哲学。这种转变,同样具有科学性的认识基础。其实很重要的原因还是在于除了感觉器官之外,还有中枢神经系统——大脑,一个意识活动的器官和主体,通过神经元的连接处理信息,尤其是感知器官捕获的信息。这种意识活动也是物理过程,很容易被意识本身所发现和了解。意识是本体的存在方式,因此在进行客观反思的时候自然也会进行自我反思,对本体性存在提出诸多疑问,这是认识过程或者认识哲学的心理性的来源,自然也产生了现代心理学这个与古典心理学截然不同的心理科学学科,前者通过物理学方式(physics-based)构建学科;而后者基于哲学方式(philosophy-based)构建。另外,认识论的转向也得益于人的抽象和象征能力,通过心理学意义上的简化和归纳,人们具有了心理意象(mental icon)和概念的能力,甚至可以通过语言进行自我世界的构建。人类得益于超越感官的分析以及综合能力,而且对这样的能力沾沾自喜,因为超越了常识和自我。在认知角度,凸显性会得到更多的关注,那么自然人们心理性的过程也会在日常认识中占凸显地位。在意识活动不断出现的情况下,人们自然就会关注这种活动,在专业上提出问题并且进行讨论,这是认识论的自我意识来源。伴随着从古希腊开始对朴素唯物的认知,随着认识领域的深入(现象到本质)和延展(物质到精神),尤其伴随着知识成几何级的增长以及人们对精神世界的更多了解,包括伦理、人性、人和世界的关系等,从本体到认识是自然而言的事情,一旦条件成熟就会发生,这是认识论出现的历史性根源。

由此而论,在西方哲学从古典时期经过中世纪的停滞发展到现代哲学自然从本体走向认识,通过后者发扬自我批判性精神,对过去的认识产生了质疑。受制于认识的局限性和神秘的"自然法则"(law of nature),西方哲学家对人类过去的经验和理论产生了疑问,这种疑问必定指向人们最终的认识器官(ultimate knowing organ),也就是意识世界,质疑对客观世界所产生的概念以及表达的有效性和正确性。事实上,不论是本体论还是认识论,都属于认识,只不过认识对象不同。前者是客体本身(广义上也包括人们的认识器官),也就是可以用物理方法描写的一切存在现象,物质性的和非物质性的;而认识论回到了人们的大脑(心灵或者意识),主体是认识器官。在这里,可以把大脑生理性结构(organic structure)排除掉,如构成这个器官一切生物组织(biologically based tissues)如灰物质(grey matter)和神经元等,留下一切光电信号(optical and electrical signals),也就是意识活动(conscious activities),这一部分对应物理方法描写的是心理描写对象。因此,从本体哲学到认识哲学自然就从认识对象回到了认识本身,后者成为新的认识对象。

三、本体和认识的关系:认识悖论

综上可以看出,哲学领域经历了从本体到认识的发展,也就是从客观到自身的认识过程。二者唯一的区别在于前者是非自我性的参与(involvement without oneself);而后者转换到了自我性的参与(involvement with oneself),这也是自我意识(self-awareness)强化的结果,有其深厚的心理性原因。哲学家的思考也是心理过程,受制于基本的认知—心理规律。从古希腊最早初级思考的大脑开始,因为那个时候并没有后期在精神领域或者专业技术层面知识的深度和广度,知识和体系没有很多前期的参考,所以专业兴趣自然放到了客体身上。这就像一个新出生的孩童,用好奇的眼睛打量世界,在发现上乐此不疲。伴随着知识的增长和阅历的丰富,那些智者脑海当中有了丰富的预设知识,不需要去第一线观察和实验,只要通过阅读文献就可以了解世界。这个时候,人们的思考就从物理性的领域转到心理性的领域。人的本能是怀疑,自然包括对自身的怀疑。怀疑也是思考很重要的部分,那么对于获得了大量知识的思想界而言,在"集体无意识"(collective unconsciousness)的作用下,自然而然会对丰富的知识头脑产生疑问。疑问的目的是质疑心理世界获得知识和真理的准确性,同时构建专业性的评判和界定标准,后者实际上就是认识论的本质:提出界定知识/真理的来源、属性以及界限。认识论的出现是哲学和思想界作为社会群体(community)把探索和研究进一步强化的结果,符合一般性的思维发展规律。与心理原因并行的是历史原因,也就是从古希腊的璀璨和创造力转到了中世纪的灰暗和滞涩。这种落差和倒退自然引发文艺复兴后期思想界的思考,对人类已有的经验产生怀疑甚至质疑,比如亚里士多德的理性教条(doctrines of reason)和古希腊遗留下来的神性权威(authority of divinity)等,因此基于认识性的理性思考是对压制社会的反叛,"背道而驰"是人们对自身现有的理性和价值观的怀疑。中世纪到文艺复兴(Renaissance)和理性年代(the Age of Reason)的转化类似于第二次世界大战以后西方社会的变化一样,同理性地反映了退步和倒退所带来的质疑,体现在第二次世界大战以后所映射出来的基于叛逆(rebellion)的近代社会多元性。背道而驰既然是对传统的反叛,自然带来对传统的反思,思考已有的知识和经验的合理性。质疑不再是客观对象,而转到了认识客观对象的工具上面。

　　总的来说,西方哲学有一个从本体论到认识论再到语言论的转变,后者是本研究关注的对象和研究工具,体现了语言学和哲学的密切关系。整个变化从本体性研究开始,探求事物的本质和发展规律,提出一系列关于世界本质性的思考和假说;然后过渡到了认识论,主要关注点在于什么样的评判标准才是界定和确定知识以及真理的标准,这基于普遍性的怀疑,从笛卡尔开创的现代哲学开始;最后到对语言思考性的问题结束。语言学的参与说明现代哲学精英们意识到了语言和心理的密切关系,内在认知和心理过程可以通过外在的语言形式和结构体现。如前所述,分析哲学的"语言学转向"契合认识论提出的本质,人们一定要找到知识和真理认识过程中的内在心理结构(underlying psychological mechanism)以及这种结构如何通过象征或者隐喻的方式表象化(representation),也就是语言化。总的来说,认识论和语言论是相辅相成的,后者是前者隐喻性的拓展(metaphorical extension),均指向中枢神经器官——大脑。只有通过语言的研究,才能搞清楚自身的心理结构,进一步才能搞清楚关于客体的真实信息,以还原其原貌,这恰恰是奎因尝试解决的问题,构成了奎因认识论和本体论的核心价值观。

认识论的发展是人类思想的巨大进步,证明了人类作为理性动物的归纳力和创造力。通过认识,人们获得了丰富的大脑贮存(mental stock),表现出来的是信息和知识。而对认识的认识[在这里可以暂时用"元知识"(meta-knowledge)进行定义和描写],使人们的认识能力又提升了一步,形成了自我性的判断,因此从这个意义上来说认识论的发展是西方哲学自我创新性的(self-creative)过程,使其提升了一大步。但是抛开认识论价值评判,人们应该理解同样建立在心理性基础上的(psychologically based)认识论出现和发展的动因,这个原因就是心理世界和物理世界的奇妙关系,也是困惑了人类数千年的问题。具体表述为客观世界可以独立于人们自身和心智,因此是绝对的并且应有一个客观标准;然而奇妙的是对这个世界的了解必须通过人类的意识和心理层面达到。这就是"能知"(knowing)和"所知"(object of knowing)的关系,就比方说客观景象必须通过一面镜子才能反射出来。人们怎么知道有客观世界这一存在,完全需要自身感觉器官以及大脑的参与才能够做到。如果后者消失,"知"以及"知的对象"也就一起消失了。这就产生了一件很有趣的事情,其实人们并不知道客观世界,而只知道"知和觉"本身。绝对的客观性必须通过主观世界才能达到,形成了很有趣的认识悖论(paradox of knowing)。认识悖论是认识主体性的结果,从这个问题上可能恰恰西方哲学家在思考过程中意识到主观性在起作用,本体性并不是人们看到的真相。这可能就是笛卡尔基于"二元"思维提出怀疑假设的原因,也是西方哲学从本体转到认识的原因,更是奎因心理学和语言学发展的原始动力,所有这一切都是认识悖论的结果。

认识悖论是本研究的立论基础，不论是从本体到主体，从物理到心理，还是从哲学到科学，以及语言的本质和功能，都是尝试用二元思维理解世界，从而找到心理世界和物理世界的契合点，使二者兼容，这就是奎因语言哲学思想的使命。

四、本体相对性

从本体论到认识论的转变带来的是对认识和认识对象的重新审视，自然对思维和世界的关系产生了新的解读方式。在本体年代，人们具有确定性思维（determinate thought），建立在客观世界绝对性和永恒性这一前提上。因为物象是恒定的，就更容易获得人们认为的真理和知识判断的准确性。而认识论的产生，带来了哲学对认识主体的更多关注，尤其伴随现代心理学的发展，人们意识到人类的意识层面并不稳定，并不能维持常态，而体现出多元性和丰富性。尤其人们的心理处理机制，更多的表现在冗余（redundancy）和错误率上（errors），因此用古典完美心理学模型所套的大脑机制并不适用，同时用逻辑和数理所推演的认识层面的现实并不准确，这是自我意识重新审视的根本原因。在认识论角度，因为主观判断的不确定性，因此需要一个系统的本体理论对认识主体和认识对象重新审视，从而带来了本体相对性这个结果。

本体相对论是奎因用"逻辑实用主义"（logical pragmatism）代替"逻辑经验主义"（logical empiricism）的结果，是科学论和科学方法研究哲学所呈现的本质性特征。本体相对论自然与本体性承诺相辅相成，因为以存在为出发点，自然需要相应的"语义上溯"来保证承诺的实现。通过承诺，人们需要一个决定存在属性的外在标准评判，对奎因而言，需要的是知道可以用理论谈论这个世界的本质是什么东西，也就是借助语言所谈论的对象，而非所谈论的对象本身。奎因的本体相对性思想自然敦促自身把大量的精力投入语言研究上来，关注语义（meaning）问题，通过语义分析上溯本源。事实上，语义问题必然导致本体相对性这个结果，因为人们能确定语言所指代的最原始物理证据是什么，因此"翻译不确定性"一定需要和日常语言中所涉及的命题经验性的程度有关，这些语言学问题是本研究的重点，将在后面具体展开。但无论如何，在借助本体相对性这个概念的同时，奎因用不确定性答案（indeterminate answer）

回答了本体论的问题，只有借助语言的科学方法才有可能找到世界问题的答案，只有有声有形的外在交际符号比隐性的内在概念更容易成为人类发现的线索，况且对语言行为的分析远比对大脑的心理分析要容易。因此，从这一点来说，奎因仍然继承了分析哲学的传统，关注的是语言本身的诸多问题。

奎因的本体实用主义思想显然受美国实用主义哲学家杜威（John Dewey）的影响，在《本体相对性以及其他文章》（奎因，1969）第 26 页开章部分就追溯了杜威，谈到过聆听其讲座的经历。奎因强调，他和杜威分享很多观点，如知识、思维和意义的同一性。"与杜威一致，我认为知识、思维以及意义是属于它们发生联系的同一个世界，因此应该用适用于自然科学的相同经验精神进行研究，因此没有什么预先的哲学"（奎因，1969）。从奎因这段话，人们看到了自然科学和哲学以及语言同一性问题，否定了第一哲学和纯形而上学先验性的有效性，而把借助于语言的自然科学理论作为发现世界奥秘的手段。哲学不再是形而上的，而是形而下的，所指向的不再是脑海中那个虚无缥缈的精神存在，而是现实中实实在在的客观存在。总之，奎因的本体相对性完全从自然主义这一概念出发，是关于心智的哲学体系（philosophy of mind）。只有这样，人们才能探讨语言，"意义首要的是语言的意义，语言是社会艺术，仅仅依靠公共识别场合他人外在的行为证据才能够习得"（奎因，1969）。从这句原文可以看出奎因"逻辑实用主义"的专业性内涵，用意义的行为理论（behaviourist theory of meaning）代替意义的形式化理论（formalized theory of meaning），偏向语言的语用学研究（pragmatic study of language），推崇语言的"明示"（ostension）作用。奎因把明示分成两种：直接明示（direct ostension）和间接明示（deferred ostension）。前者是直接与物理性证据相关的明示，尤其客体本身所提供的证据，如奎因"丛林语言学家"例子里面所指示的关于"兔子""兔子不可分割的部分""兔子的阶段"这些意义构成，这样的语言在语言学领域属于描写性的（descriptive），具有客观的物理属性。明示是归纳的结果，可以用"同样的"或者"另一个"这样的词汇进行标识；而间接明示如用"兔子窝"暗示"兔子"，对后者的理解需要语用推理（pragmatic inference），这发生在当人们觉得有必要用一些修饰词（modifiers）来进行描写的时候。间接明示属于隐喻范畴（metaphorical domain），需要联想式的认知能力，而不是逻辑式的离散步骤方法。直接明示和间接明示体现在语言所表现出来的直接性的程度，如果通过语言人们能够立刻与所指联系起来，这是直接刺激（immediate stimulus）；否则就是间接明示，也就是间接刺激（indirect stimulus）。直接明示和间接明示的分类为奎因的句式分类（sentence classification）打下了基础。

总之，奎因的本体相对性是和行为主义密切关联的理论体系，证明了其自然化认识论的本质，也就是人们需要哪些典型物理属性的客体作为研究对象。个人的行为与客体是并行的两个过程，都具有最本质的物质存在属性。个体行为发生在可辨识的集体语境下，反映了人们脑海中最大可能进行的语义上溯的结果。后者的目的是接近那个本体真相，真相是客观存在的，不以人的意志为转移；然而这样的物理证据或数据，一旦进入人们的脑海，自然发生偏差，在处理信息上带来的主观视角的差异性，也就是本体相对性的含义。鉴于此，奎因所提倡的是物理性的分析，从人的语言行为这样的显性证据开始，作自然主义描写，以期通过自然性这个脉络还原到客体如"兔子"最自然的状况。描写是主观的、相对的，但描写对象是客观绝对的。按照奎因的方法，人们应该找到那个最能接近真相的语义分析工具解决本体论问题，这一切都是奎因式的本体思想的前因后果。

第三节　哲学认识过程

作为 20 世纪最伟大的哲学家之一，奎因的哲学和语言学思想奠定了西方哲学从传统和现代到近代转折的基础，其本质属性在于把哲学变成了经验科学，完成了认识论的自然化这一研究目的。奎因哲学体系类似于现代科学的创新，其创造力来自对客观世界本质性的认识。正像近代物理所追求的"大统一理论"（Grand Unified Theory）一样，奎因也尝试构建思想体系中的"大统一理论"，去统一哲学和科学两大认识体系，也就是把认识和本体兼容在一个框架下，使前者有一个明确的本体指向，这就是奎因本体承诺的核心含义。本体承诺敦促哲学从形而上的第一哲学转到形而下的认识哲学,用最自然的态度和方法理解丰富可变的世界,明确哲学和科学不再是任务不同的两大体系,而是有着共同研究范式和方法的不同学科。传统上,哲学所要解决的问题是认识问题,努力地对思想领域的知识和真理作出价值判断;而自然科学的任务就是发现真相和定律,对定律和真相如何在脑海当中形成理论并不十分关注。这就会出现一个问题,也就是科学的发现并不能很好地解决认识问题,无法从语言和心理学角度作进一步的分析判断。由此,奎因尝试用统一的方法兼容哲学和科学,当然他更倾向承认后者的价值属性。在奎因的体系内,认识世界自然包含两个不可分割的部分(unalienable components),即对发现的评判和发现本身。既然是经验主义哲学家,奎因显然更关注认识的经验主义部分,后者与唯物和客体相关。这就必然导致奎因把哲学放到自然科学框架内这样的结果,也就是哲学成了一门经验科学,后者所有的研究方法都适用于前者。与哲学和科学统一并行的是心理学和物理学的统一,心理学和哲学等价,原因是二者都深入精神世界,探求人们的认识过程,一般来说从人的感官(如视觉)开始一直到大脑皮层结束,完整的心理过程还要从大脑皮层开始延展到语言没有再一次变成物理(声音和文字符号)过程为止。事实上,从哲学源头开始,就具有心理媒介和对象属性(psychologically mediated and biased),前者指人们用大脑进行认识、思辨和思考这一过程,在古希腊和现代哲学开始之前运用"高贵的精神"(noble spirit)认识物理世界本质的过程;后者指从笛卡尔开始的哲学认识方式,反过来本体和自我成了认识对象。同理,科学与物理学等价,均把独立于人们自身和心智(self and faculty)的客观世界作为探索的对象,这个部分所管辖的区域从客体[狭义上如花草树木,广义上也包含人们自身的灵魂和身体(body and soul)]到人们的感觉器官为止。在这里,应该注意,事实上感觉器官是心理世界和物理世界的分野,因此一切涉及两个世界的知识和判断都要考虑这个边界,也就是奎因的"刺激"边界。

奎因哲学研究也建立在两个世界的划分上,因此就包含了两大重要的主义:"物理主义"(physicalism)和"心理主义"(psychologism)。心理主义和物理主义是本研究的立论基础,后面会进一步探讨。在这里所要谈论的问题,就是奎因哲学中的核心价值观(central values),也就是经验主义思想,是奎因继承始于培根就一直盛行的哲学路线,也和其所受的分析哲学训练密不可分。经验主义是奎因哲学的主线,奎因把经验主义观点发挥到了极致,因此是纯粹的经验主义。与培根那个年代相比,也就是经验主义在专业上分成哲学上的经验主义(思辨上的经验主义)和科学上的经验主义(实验上的经验主义),奎因彻底地把前者变成后者的分支和附属,让经验哲学(empirical philosophy)变成彻底的经验科学,做到真正意义上的"本体论承诺"和"认识的自然化";而与分析哲学对比,奎因继承了这个流派的逻辑和语义传统,但是与维特根斯坦一样,从分析流派中脱离了出来,不作纯理想化的(absolutely idealized)语义分析,因为此类分析与现实有很大偏差,不能反映出从客体到感觉器官这一段的真实样貌。为了解决这一哲学困惑,奎因把逻辑和语义分析作为手段(means)对待;而不是像分析哲学那样是所追求的目的(end)。由此,尽管奎因仍然坚持了逻辑和语义路线,但很明显对待二者的态度不同。可以把奎因的逻辑和语义看成经验化的逻辑和语义(empirically based logic and semantic analysis),或者说让二者为了客观现实这个目的服务,理解客体或者人类语言行为的真实含义,把物理学引入语言和哲学研究之中。

在本研究框架下,可以归纳出奎因哲学的三大目的:认识自然化、心理学科学化和语言行为化。第一个目的是涵盖性的目的(inclusive goal),也就是代表了人们作任何学科或者理论研究的最终目的(ultimate goal)。认识的最终目的在于哲学或者神学,从学术角度指前者,这是人类的终极认识。对于奎因而言,哲学的使命就是找到最根本的能够认识的途径,那就是认识自然化或者哲学科学化;第二个目的是心理学科学化,是方法论上的目的(methodological goal),为了实现总的目的,需要连接心理学和物理学这两大学科,让前者摆脱精神哲学的影响而向物理这个领域靠拢,实现心理现实性这个目标,心理学变成真正意义上的经验科学;第三个目的是语言行为化,这是示例性目的(illustrative goal),通过对现有语义理论的批判和修正,来示范性地讲述认识自然化的具体表现,体现人、心理和世界的真实关系。从第一个目的到最后一个目的,奎因实现了自上而下(from top to bottom)涵盖式的研究目标,厘清了从整体到部分渐进式的逻辑关系,完整立体地展示了哲学这一整体画卷,对人们应该作什么样的哲学研究给予了暗示。本研究按照这个逻辑顺序展开,把第二和第三个目的作为研究重点,后面会展开在物理和心理互动视角下语言的研究。

一、从主体到本体

奎因哲学体系是纯粹的经验主义体系,并且把经验主义发挥到了极致。在这个意义上,人们精神世界内部的逻辑或理论演算机制(computation mechanism)是外指性的(exophoric),以客观存在为绝对的参考尺度。在此意义上,人们的认识过程(epistemic process)等同于演算过程(computational process)。前者是哲学意义上的,后者是心理学意义上的。这种认识过程一定要拓展到客观存在本身,无法形成自我世界的构建(self construction),反过来一定要以客体为模版,在此基础上形成概念、知识和语言。在这个认识过程中,客体存在为本,主体反射为辅,人们的认识目的就是要上溯到客体本身。通过这种向外延展(outward extension),才可能还原认识主体的本貌。这基于对传统认识的反叛,也就是认识是自外向内的(from exterior to interior)。奎因的认识论思路,恰恰是自里而外的(from interior to exterior)。前者,本研究定义为"下行"(descent),这个词汇是针对奎因的"上溯"而提出。所以很容易看出,奎因的认识论和传统的认识论最大区别在于认知过程方向性不同,传统是从客体出发,然后到达大脑,生成语言;而奎因则是从语言回溯,经过大脑,回到客体本身。这样,奎因所理解的思辨过程就和传统认识方式产生了区别。后者从实在(substance)出发,最后到达大脑皮层区域。在这个转换过程中,由于信息的损耗(information loss),当对世界的反射(projection/reflection)到达神经系统时,信息就变得愈发抽象和不具体,导致心理领域的非现实性和非物质性。为了解决这个问题,奎因进行上溯实验,这样认识就从心理世界开始,后者就变成了实实在在的客观存在。原因显而易见,如果逻辑出发点都是虚幻的(笛卡尔式的),那么上溯的客体又怎么会是现实存在呢?必然缺乏客观现实性(objective realism)。所以,按照奎因的逻辑,人们从一个假定的实体领域(主观世界)出发,然后运行到一个真实实体领域(客观世界),因此不论是起点,还是终点,包括过程本身,均是实体的,是绝对的客观经验过程。这样的假设符合奎因的纯粹经验主义思想,也是他把心理学参照物理学变成经验科学的根本原因,最终目的就是上溯。只有通过这样的认知过程,才有可能达到真正的客观实体,不仅包含物理世界,同样也拓展到精神世界。

　　根据上述描写,人们自然推导出奎因的哲学体系是建立在心理有效性(psychological validity)这个前提上的。心理学在比喻角度等同于主体存在或者主体性(subjectivism),以心理学为本事实上等同于承认了主体存在价值,或者主体性的存在价值。主体是认识的源泉,没有主体性,就没有认识过程和知识体系,自然也不会有哲学和任何人们可以借助进行认识的媒介。在奎因的评判体系内,主体和本体处于等价的地位上,两者都是实实在在的,从前者出发一直上溯到后者。

　　综上所述,奎因的研究目的是尝试从主体上溯到本体,或者是从主体到本体的认识过程。主体和本体是哲学上一对相互关联的词汇,二者在词形上很相似,容易搞混。主体是主体性中的核心词汇,在古希腊,主体性内涵比较宽泛,广义上指代所有客观实体的存在,只要是这种存在体现在自身的意义上(in its own right),体现在主体能动性方面,因此古希腊并没有人和主体性合二为一的做法,所以也没有专门指代人的能动性和创造性的概念,主体被实体概念所涵盖。从这里,可以看出古希腊的客观和普遍意识,追求一种高度简化的认识目的,建立一个涵盖(inclusive)的哲学体系,形成了"万物皆有自我"(everything as self)的认识理念,为古希腊的理想主义和形式化的认识论作了铺垫。在后期随着人对自我意识的增强,尤其为了反中世纪的专制形态,开始渐渐有了以人为本的主体意识,强调个人的能动性和创造性,因此"主体"这个术语有了人的特指(homo specific),也就是从"我"(I)这个代词出发,表达个人的存在和价值,以及主观能动性。虽然与古希腊的主体观念不同,但具有异曲同工之妙。二者均要达到客观性和普遍性,后者是通过万物为一(oneness)的方式,通过世界一个个平等的主体并列的方式理解世界是部分之和(sum);而狭义上的"主体"这个代词使用中,肯定个体的尊严和价值,然后通过"移情"(empathy)的方式理解他人与自己是同样的尊严和价值个体,"由此及彼、以己度人",同时通过类比把这样的心理拓展到非人类(non-human)或者非生命(non-life/inanimate)的万事万物上面,这样就能做到以平等的方式看待他人和他物。总的来说,"主体"这个理论词汇在早期内涵宽泛,包含"本体"这个概念,前者就是本体;而后期主体特指作为个体的人,包括其感知和意识,作为一个观察者(observer)存在;观察的对象是本体,这样主体和本体就都有了狭义上的特指,形成了认识和被认识的两个范畴。

奎因的上溯是对主体意识的强化,从"我"也就是大写的"I"出发,强调个体的认识和思考能力。事实上,奎因的认识体系是以人为本(egocentric)的认识体系,把人作为观察和实验的主体,把经验主义做到极致。以人为中心的认识方式必然导致奎因理论体系对经验主义和行为主义的推崇,前者立足于感官经验的作用,而后者是把人的行为尤其是语言行为作为上溯的唯一可靠手段。在奎因的框架下,经验主义和行为主义互动运用,最后构建了以语言为媒介的物理主义和心理主义交叉互动的认识论方法,提供了获得知识或者真理体验式的(embodied)理论体系,为哲学和思想体系发展提供了新的视角和参考。

二、从物理到心理

上面所提到的奎因反向认识,就是从主体到本体的认识过程,本体在这里等同于客体。这个过程是奎因认识论所要完成的使命,需要通过逆推(reverse deduction)来找到哲学的根本方法,是研究思路,不是描写人的正常的认识思路;反过来,就是客体到本体的认识思路。这个过程是通常所理解的认识方式,也是经验哲学和行为科学所理解的人的思考方式,是在这些意义上知识和真理的现实来源。显然,奎因作为经验主义和行为主义哲学家认可这样的认知过程,只不过强调人们在评判和确定真理或者知识价值的时候需要反向逆推,追溯它们所获得的源泉或本源,这是奎因思想与传统经验主义包括真值条件语义学派本质上的不同。事实上,奎因自然化认识论是建立在正常人类认知的过程上,也就是经验和行为学派强调的从物理数据经过感觉器官再到心理演算的完整过程。因此在研究工具上,奎因转向了两个基本学科:物理学和心理学,这样认识就从经验性和科学意义上的物理领域转到了先验性和哲学意义上的心理领域,转换的目的就是尝试把后者按照前者的结构进行重建。心理主义和物理主义是奎因自然化认识论不可或缺的两个组成部分,心理是认识的处理中心(processing centre),在那里所有的外部数据需要加工和整合,所参照的是外部的信息,尤其是自然信息;物理是认识的来源(source of knowledge),没有这个部分奎因的认识论就不能称作"自然化认识论",就会与前面的认识论没有本质的区别或差异。同理，没有物理部分，奎因思想也无法获得自然化认识论的内涵，不考虑认识过程本身奎因的学问只能是自然科学。由此，人们可以很好地理解为什么能够从奎因思想体系中推导出心理和物理这两大研究工具。二者相辅相成、缺一不可。

历史上，物理学和心理学属于两个相互独立的学科。最早都是从亚里士多德思想体系中演化出来的，所以亚里士多德可以作为物理学和心理学的奠基人被人们记住。之所以古代先贤如亚里士多德对物理和心理两个领域感兴趣，很重要的原因就是古希腊时期人们很早就认识到了主体和客体是两个不同但是相互作用的领域，一个是认识主体，一个是认识对象。但是不论如何，心理学和物理学发展经历了不同的阶段。在希腊古典时期，以亚里士多德为代表的古典心理学派，把心理学作为形式化的体系来对待。研究方法是规定式的，因此在这样的范式下人们看到人的思维结构是非常精妙的（delicately structured），按照逻辑方式运转，没有任何冗余和错误的完美操作系统。在这个时期，心理学是物理学的模型，因此对客观（外部）世界的认识实际上是运用主观（内部）的推理来获得。所以这个时期，物理是心理化的物理，两者都变成了唯理方法的工具，结果就是像"马有多少颗牙齿"这样的知识需要内省化的方法获得，需要借助逻辑或者数理式的推导取得；同理，自由落体质量和速度的关系也是这样得来的知识。伴随着经验思想体系的出现，尤其是在对亚里士多德教条（Aristotelean Dogmas）反思的基础上，逐渐意识到心理学和物理学有所区别，因此二者自然分家，各成体系。随着人们对大脑结构的进一步了解，意识到了古典心理学方法的局限性，因为实际的心理结构和亚里士多德所设想的结构有很大差别，不是完美的操作系统，而是不完善的意识结构。所以描写方法代替了规定方法，尤其是现代解剖（anatomy）和临床（clinic）心理学的出现。这样，心理学自然从唯理领域转到了经验领域。心理学被放到物理学框架里，作为经验科学对待，其版本是物理学，二者均为自然科学，可以用观察和实验的方式来处理。在奎因的自然化认识论体系下，两者又被放到了古希腊时期所实践过的同一个框架内来理解，只不过顺序颠倒过来，心理学应该去模拟物理学。在这一点上，奎因的做法和前期的做法相同，按照经验主义方式对待两个学科的关系，只不过在此基础上回到了古典时期的做法上，心理领域和物理领域打通，而不是作为独自分离的两个领域来对待。奎因的尝试使认识哲学得到了进一步发展和提升，自然化认识论就是最好的例子。

心理和物理两大领域，或者说心理学和物理学两大学科，兼或心理主义和物理主义两大流派，分别属于常识判断范畴、科学研究范畴和哲学思想范畴。这里采用第三个范畴，着重探讨奎因语言哲学在心理主义和物理主义这两大隐喻式的领域中的思想，通过学习和推理方式来归纳其中所隐含的两个方面的暗示和表述，鉴于此，本研究尝试理解心理领域和物理领域的真实关系，看一看它们是如何相互关联，接口在哪里，这样就能更好地解决语言本质和使用问题。事实上，心理领域和物理领域关系问题一直是思想界所关注的问题，比如古希腊柏拉图两个世界的划分（division of existence into two realms）直至笛卡尔基于怀疑的二元论，直接或间接地讨论了精神世界和物质世界的关系问题。二者的关系有很多种，最好理解的是平行关系（parallelism between spiritual realm and material realm），柏拉图式的物质世界和精神世界有附属关系（material realm affiliated to spiritual realm），机械唯物论的精神世界和物质世界有附属关系（spiritual realm affiliated to material realm），笛卡尔的物质世界是虚幻的假设（dream argument over material world），类似的还有伯克利对物质世界的否认（denial of the existence of material realm），以及休谟精神世界和物质世界均是虚幻的假说（denial of the existence of the spiritual realm and material realm alike）。

三、从形式判断到经验判断

正像上面所论述的那样，奎因的哲学思想体现在哲学科学化、心理学物理化和语言行为化上，通过这样的表述可以看出其思想体系中核心内容是"自然主义"（下一章进一步探讨），把科学方法放到了重中之重的地位，因此其对认识论的判断就摆脱了传统形式化的方法，而走向了客观和实际的操作路线。奎因的哲学研究体现在"本体承诺"上，也可以理解成新的方法论的承诺。新的承诺来自对传统的背叛，无论是古希腊的理性思想，还是中世纪的经院思想（scholasticism），一直到16世纪以后经验主义思想和怀疑思想，无一例外都是遵从形式化判断（formalized predication）这一路线，尝试给知识和真理提供一个形而上的结论，或者一个结论式的终极答案。这个路线不论哲学怎么演化和转向,始终未变,目的是要给世界一个确定的答案。形式化判断是自主发生在精神领域内部,是纯概念(purely conceptually dependent)和逻辑化(logically conducted)的,结果就是高度抽象,用心理意象和语言符号来对世界的本质进行描述。形式化建立在对事物理想的认知上,因为假设认识对象有一些核心的属性(central attributes),是均质的(uniform)、连贯的(coherent)、无差异的(undifferentiated),因此是可以简化和归纳的。形式化判断是学科的基础,没有形式化判断,就没有理论的归纳和知识的传播。原因显而易见,当人们通过纸质(paper-based)或者网络(net-based)了解世界的时候,更倾向于归纳性的知识。因此可以这样假定,流行于哲学和思想领域的形式化方法有其深刻的认知心理原因:第一,正像刚刚提到的那样,人们喜欢简化的知识,这样才符合常态的认知习惯,也就是简化而不是多样性会提升识读效率,达到认识的优化(optimality)结果。第二,和前面反过来,同样当人们思考的时候,简化思考也符合优化原则(optimal principle fulfillment),这可能就是从古希腊开始哲学和思想人士倾向于形式化方法的原因。原因是心理性的,用简化方法会更快地获得结论。第三,这一点原因是前两个原因发生的解释性因素,和人类进化有关。在适应环境过程中,人类形成了高级意识能力,就是抽象和简化能力,这是人之所以能够迅速超越"丛林法则"(law of jungle)的根本原因,人们靠理性取代了直觉和本能。第四,形式化符合方便性原则(convenience principle fulfillment),因为人本思想(anthropocentric)起作用,每个人都是观察和感知者。从这个意义上说,世界是伴随人们的精神存在的,个体消失,对其而言世界将不再存在。所以,人们所意识或者感知的对象事实上是心理客观世界(psychologically real world),在自然主观和客观世界两者之间,人们会倾向于前者,这是认识主体。进一步说,基于心理意识活动的形式化方法理所当然地成了主流的认识方式。

　　形式化方法虽然具有简化优势,提升了认识效率,但缺点也是显而易见的。心理性判断会脱离实际,往往不能反映真实的世界原貌,尤其是独立于个体的客观世界真实的样子。因此在形式化方法流行的同时,在历史上,一直有着试图摆脱这种方法的尝试,比如古希腊用文化和人类学方法代替形式逻辑方法,再如经验科学的兴起用以反对形而上学或者经院哲学。在语言学领域语用学、人类语言学和社会语言学等观点代替形式化语言学或者真值条件语义学等，这些都是参考实际对真理和知识的重新判断。最能代表对形式化方法批判（实际上就是对古希腊亚里士多德的理性方法和中世纪经院方法的批判）的就是经验主义哲学的出现，以及相应的哲学和科学分野，这种反叛恰恰与现代哲学和思想的出现相契合，目的是反教条，一切从实际出发。与形式化背道而驰走到了极致的就是奎因，他不仅在观念上反对形式化方法，而且与经验主义和分析哲学不同的是，不仅在态度上反对形式化，同时也付诸实践。实践就是自然化认识论，让哲学的形式化判断转变成科学的实验和观察，通过上溯的方式去追本溯源，而不是形成脑海中的形式教条。因此，对于奎因的判断方法可暂定为"经验判断"（experience-based predication）。事实上，正是这种判断转向，导致了以奎因为代表的哲学新的转向，也就是从"语言学转向"（linguistic turn）重新回到了"认识论转向"（epistemological turn）。通过这种转向，奎因与分析哲学分道扬镳，把视角又重新回到认识论本身。回归的目的是为了扬弃，而不是继承。事实上，奎因与经验主义分享的是经验主义方法，通过此方法回到认识论的研究和探讨，把经验主义所推崇的感官经验用在解决认识问题上面。

经验主义判定方法指在人们判明真理或者知识过程中，参照事物本体实际样貌或者属性，对其进行经验性的描写（experience-based description）。描写尽可能摆脱抽象的形式化，参照具体语境进行（context-based）。经验化方法不追求简化目的，而是找出差异性和可变性。比如在"鲸是哺乳动物"这样的陈述中，借助经验判断，人们联想到的不是这个物种绝对或者结论式的知识，而是关于其如何获得这样的经验知识，尤其参照特定客观环境这样的陈述的适用性。在奎因哲学意义上，形式化方法被理解为在评判真理和知识的逻辑价值（logical validity）时应向评判对象回溯，以找到知识或者真理的客观性来源实际过程（experiential process），也就是物理过程。因此，就需要把心理性的理论架构和认识来源的物理性的现实进行匹配，以求客观真实，而非主观真实。

第二章　奎因哲学中的自然主义

　　奎因的理论体系是一个与自然科学相契合的体系,真实地反映了自然科学的内涵及其研究目的,在进行哲学研究时也践行自然主义承诺。从这里可以看出,奎因与很多哲学人士一样,用自然的眼光看待世界。"自然主义"作为术语是近代的事情,但自然主义思想始终根植在人类的观念中,即从人类有朴素的世界观(primitive worldview)开始就有了此类思想。总之,自然主义是简化的世界观,其对现实的理解建立在科学和实证的认识上,是与宗教或者非经验性的(non-empirical)观点相对立的,这样自然主义就有了两种对立性的内涵(exclusive connotations),即"经验"对"超验";"科学"对"宗教"。"经验"和"超验"是非此即彼的对立概念,狭义上以感官官能(sensory organs)作为分野,决定人们能感知到什么,不能感知到什么。这里采用更加宽泛的理解,把"经验"作为"体验"的同义词,不仅是感官体验,也是精神体验。同理,狭义上的"科学"是针对"宗教"而言的,前者指现代科学方法,是观察式的,因此把感官经验作为区分科学和宗教的界标。在广义上,把科学拓展到"存在范畴"(category of being),超越"证伪范畴"(category of falsifying)。在广义上理解两对词汇的好处在于研究范畴更宽泛,相对能够更好地理解语言自然主义思想以及方法论。在这里,应该注意,不论是经验还是科学,均涉及存在方式,也就是可认识的和不可认识的,不仅指能够简化到感官的认识。当然,流行的经验认识具有典型的自然主义特征,与自然主义所涵盖的"自然"(nature)相一致,尝试把所有非经验性领域所涉及的"不可知性"变成"可知性",因此否认所有形而上学或者神秘主义当中一切非经验性的存在。科学和宗教的关系涉及意识形态的对立,科学代替宗教成为世俗的评判方式是历史的必然。在科学意义上,人们用世界的"自然性"(naturality)代替了"神性"(divinity),后者是宗教主流的价值观。科学认为世界是可知的,可以通过理性的进步和不断的发现拨开其本来面目,尤其是在世界运转方式上,认为世界只有本体性的内因(ontologically self-motivated),不是神创的(created)或者人们无法洞悉的力量在驱动。科学代替宗教等同于用自然的思维看待世界,后者存在于人们的认识范围内并且可以被人类掌控。

"自然主义"作为一个哲学术语,可以定义为"自然是所有存在,因此所有超自然现象(supernatural things),像上帝、精神以及其他非自然的属性均是不存在的"。因此,在解决非自然这样的现象时,人们会认为所有心理属性(mental properties)可以依赖非心理属性(non-mental properties)本体性地(ontologically)存在,或者因果式地(causally)推导出来。"心理属性"中的"心理"有两层含义,既可以在空间上(spatially)指心理领域,因此指示在人们心灵世界体现的一切存在或者特性;也可以指在媒介上(instrumentally)的工具方式,也就是通过人们心灵世界所理解的一切存在或者特性。总而言之,自然主义与有神论(theism)格格不入,反过来支持无神论(atheism)的一切主张和实践。有神论的产生和发展都有神学思想这个预设前提:因为对未知事物无法掌控,人类倾向于把所看到的或感知到的甚至理解的现象归因于神秘的力量(mystic forces),因此会预设这样一个超越人类经验范畴的一种力量或者存在,决定世界的运转和发展。对有神思想的摆脱事实上使人们又从本体回到了主体,在价值上对自我进行肯定(self-assertion)。自我意识的觉醒带来个体自信和赞美,明白凡人(mortal man)拥有神的创造力和掌控力,应该接过认识这一工具,造福人类自己。这个过程实际上就是从文艺复兴开始现代欧美人的觉醒过程,也就是从教条和神话转向人本和理性的过程,或者说从权威(authoritative)社会转向自然信仰的过程,把包括人们认识工具在内所有的存在方式作为自然过程来认识和解读。因此,自然主义,是超自然主义的反面,后者承认一切超自然现象的合法性,如超自然的存在、魔幻客体、柏拉图式的形式或者诸如作为宇宙决定力的一切爱的力量等,自然主义与这一切脱离。事实上,自然主义是伴随着科学的兴起而产生并且使人向往的,有一个不断向前发展的过程,在认识上不断强化和推进。尤其是在美国文化背景下,由于没有更多的欧洲人文主义文化传统(humanity traditions)的负担,科学主义盛行,符合美国社会的实验精神(experimental spirit),因此自然主义思想能够得到巩固和发展。在这里,自然主义哲学恰恰是美国哲学家探讨的焦点问题,如杜威、内格尔(Thomas Nagel)、胡克(Sidney Hook)和塞勒斯(Wilfrid Sellars)等人在过去50年对自然主义有着大量的讨论和论述。奎因自然主义思想就是在美国哲学传统社会中产生出来的,与这个国家的科学和经验传统密不可分。奎因自然主义思想体现在认识论角度,被称为"认识论自然主义"(epistemological naturalism),这个词汇与一些其他哲学家如戈德曼(Alvin Goldman)和普特南(Hilary Putnam)共享。奎因的自然主义思想与所有同时代人不同,就在于他否认了所有先验的存在(a priori)而转向心理学进行哲学研究和探讨,接受了这个时代涉及语言、知识和现实最复杂、最激进、最全面的理论与方法。在奎因的哲学体系内,观察和行为是获得知识和真理的有效手段,因此在语言方面,观察句(后面会进一步介绍)尤为重要,用观察句代替传统的形式化分类,如基于语法和逻辑的句子分类,这样就很容易接近自然真相本身,对客观世界的本相有着更加准确的判断。在认识的基础上,就会获得真正意义上的概念进步(conceptual progress)。观察句的提出强调的是自然发现过程,语言应该与自然过程并列同时反映这一过程。通过观察这一手段,可以有效地检验理论(testing of theory),取得规范性(normativity)。而在此意义上,奎因提倡通过真实的语言实现,"解决问题,应该依靠人类使用或者与人类接近那些句子"(格里高利,2008)。因此,在奎因的自然体系中,科学和哲学完美地结合在一起,构成了丰富的自然化认识哲学体系,这是真正意义上的自然主义,是在自然科学框架下生成的自然主义思想。

第一节 自然主义的界定和分类

"自然主义"事实上是很宽泛的术语,狭义上,指代与所有那些涉及超自然力量(supernatural causes)的哲学观点或者指向造物主(creator)的宗教理论不同的价值体系。自然主义与科学以及本体思想①站到一边,前者指科学意义上世界的可知性;而后者涉及古希腊对自然的探讨和研究。所以,从科学角度来看,自然主义思想排斥所有的有神论(theological)解读,放弃神秘主义(mysticism)和不可知论,是无神论思想;从本体思想角度来看,自然主义哲学家们为了弥补形而上学所不能顾及的物质世界,逐渐意识到了客观存在的物理特性,不论是通过内省化的推理还是对现象的日常观察,比如米丽都的泰勒斯(Thales)假定基本物质是水(内省式的推理),因为他观察到蒸发和凝集是不断重复的自然现象(感官经验),均把注意力放到了自然现象这个本身。类似泰勒斯的还有德谟克利特,通过内省的方式假设物质世界的原子属性,为现代基于物质结构(material structure)的物理、化学甚至是生物学奠定了基础,并且影响到了很多人文科学的思想,如结构主义语言学(structural linguistics)或者建基于等级的社会学(class-based sociology)等领域。自然主义理念自文艺复兴和理性年代以来尤其作为一个主流或者占优势的价值观存在,原因显而易见,观点可以用来反对"理性教条",也就是那些从古希腊继承的依赖逻辑和内省化推理的认识教条;同时顺便反对中世纪所形成的神学教条,也就是用于把自己的命运托管于那些虚无缥缈的各路神灵手中的不可知性。自然主义理念催生了自然科学的快速发展,尤其是牛顿力学体系和达尔文的进化论思想。牛顿和达尔文均从事物本身来理解其运动和互动,对世界的所有变化给予了本体性的解读。

科学的繁荣和发展反过来促进了自然主义认识,这个世界要么是可以基于自然力连接到一起的(a world bound by natural forces)机械唯物主义的结果;要么是无须造物主的参与生物乃至整个宇宙靠自身的规律(a world, with the biological one inclusive, evolving for its own reasons)不断演化的结果。事实上,牛顿或者达尔文从科学角度给了自然主义一个合法的认识地位(legitimate role),因此是里程碑或革命式的贡献,与伽利略的感官经验理论贡献并驾齐驱,为自然主义思想添加了注脚。这些人士拥有文艺复兴精神,依赖各自的领域专长使世人摆脱权威和神权信仰(belief in authority and divinity),迈向了自

——————————

① 排除形而上的本体思想。

然信仰(belief in naturality)。自然主义是理性年代科学和信仰的基石,这种进步与牛顿和达尔文的发现密不可分。自然科学对自然主义思想的促进同时影响了哲学领域的思考,使后者不得不跟上科学和理性前进的步伐。具体表现就是哲学摆脱了中世纪的经院甚至神学哲学体系,转向了经验哲学以及怀疑哲学,后者是对原有价值观的批判。尤其是培根的经验哲学,与自然科学更加契合,与世俗进步更加兼容。在这个角度,观察和实验的认识方式不断把哲学向着自然体系推动,以摆脱纯心理性的逻辑或者形式化的束缚(logic- and formalization-based restraint)。哲学的自然化在奎因时期走向了极致,把哲学彻底变成了经验科学,因此把自然主义思想发挥到了极致。对于奎因而言,他把心理学变成了经验科学,与物理学并驾齐驱,通过协作构建自然化认识论。

一、渊源和界定

自然主义思想,萌芽于希腊三贤(苏格拉底、柏拉图、亚里士多德)时代之前,准确地说出现在苏格拉底之前,为"前苏格拉底哲学"(pre-Socratic philosophy)的一个部分,也是古希腊哲学最早的模样。在苏格拉底、柏拉图和亚里士多德系统地思考精神世界和形而上学问题之前,哲学家们更多地思考自然界的本质和结构问题,包括泰勒斯(Thales)、阿那克萨戈拉(Anaxagoras)尤其是德谟克利特等人。他们可以算作亚里士多德之前更早的物理学家,尝试理解一切事物的自然归因,同时把神、精神或者魔力排除在可能创造或者驾驭世界的本源之外。从本源来看,物理主义思维从古希腊开始认识世界的时候就已经存在,没有这种认识,也不会有后期的本体哲学、经验主义哲学以及现代科学的繁荣,也就不会有自然主义思潮的回归以及奎因自然化认识论。在这一条道路上,不断有着新的自然主义思考和理论,像后期的伊壁鸠鲁学说(Epicureanism),在德谟克利特的基础上,发展出了完善的原子理论思想(atomism),同时结合毕达哥拉斯理论,认为一切都是虚空中原子运动的结果,后期发展出来的理论强调一切事物均是非造物自然力量或趋势的不可避免的结果。自然主义思想在中世纪有所减弱。基督神学的兴盛导致了世俗物理兴趣的衰弱,因此自然主义成了异端邪说,受到主流文化和宗教的排挤,即使谈论也是不合法的。宗教对科学的迫害导致了布鲁诺的惨剧,也变相证明了科学的力量和自然主义思想的生命力。

真正使自然主义回归的是理性年代,"自然主义"有了"唯物主义"这个同义词,有了自然科学的专门化研究,尤其是物理学的兴盛和发展,最后产生了"物理主义"这一理念,使奎因自然化认识论有了一个科学(物理)的认识基石(cornerstone)。在此意义上,泰勒斯应为科学之父(forefather of science),他第一个用自然因果而非超自然因果来解释客观现象。这样的理解过程因为和自然科学的兼容性,因此是经验式的。经验思想事实上从古希腊开始就已经作为哲学的思考问题,尤其是涉及知识方面。其中代表人物就是亚里士多德,与其恩师柏拉图关于绝对的知识范畴(absolute knowledge categories)不同的是,他提出了知识和经验的关联(correlation between knowledge and experience),尽管他的学说是理性化的理论体系,而非培根意义上的真正的经验主义实践,至少在理念上奠定了知识和经验的关系。

"自然主义"的定义在前面尝试给出过,但作为一个术语,其内涵和外延相当宽泛。不同历史时期或者不同个体有着不同的解释,这涉及定义的主观性问题。但无论如何,自然主义在哲学角度就是尝试把这个学科从严谨的教条(strict dogmas)中解放出来,落到经验和科学范畴内。自然主义在本研究中基于如下三个假设。

a.自然包括了可以在时空中存在的一切,反过来不包括不在时空中存在的一切。

b.自然成因于自然要素,其形态以及属性可以用"尺寸、质量、能量"等物理术语描述,因此存在于时空维度中。

c.自然受制于物理法则,因此科学是认识自然的唯一途径。

在本研究体系内部,"自然主义"是一个有一系列同义词自上而下包含的概念,在广义上越来越具体。"自然主义"涵盖"经验主义",进一步涵盖"科学主义"和"物理主义",关系如图1所示。

自然主义 ⟶ 经验主义 ⟶ 科学主义 ⟶ 物理主义

图1 自然主义衍生顺序

奎因的自然主义思想遵循了这一衍生顺序,其哲学理念首先可以归纳到自然主义这一大的范畴,把哲学作为经验范畴来对待,在科学意义上暗示了认识论中物理方法的重要性,其理论逻辑在后一章会进一步探讨。

二、自然主义分类

自自然主义思想从古希腊萌芽以来,一直是思想界和世俗领域占统治地位的认识方式,广泛影响着认识论和自然科学的方方面面。自然主义思想尤其与现代科学以及无神论的意识形态保持统一战线,在前者爆炸式的发展推动下有了更丰富的定义和内涵。事实上,自然主义涉及宇宙、生命、社会和伦理等方面的诸多问题,为这些领域的研究和思考提供了科学的认识和方法。广义上,自然主义涉及整个宇宙的认识方面,强调宇宙(物理意义上的宇宙空间)没有任何创始(origin out of creation),宇宙先于创造,自始至终都在那里,既不是创造出来的,也不是设计出来的。非创世的宇宙观可以被所有近现代科学如牛顿力学、爱因斯坦相对论以及量子力学等所证明,尽管它们本身也许具有宗教情节,但至少推崇的是科学认识和方法。自然主义思想同样体现了人们对生命的理解,包括哲学和生物学意义上的(in philosophical and biological terms alike)理解。哲学上,尤其是在伦理意义上,生命不是一个有着严密计划的过程(planned natural process),而是自然中随机出现的现象,完全依赖运气,这就像风雨雷电等自然现象一样,是盲目的自然过程(blind natural processes)。把生命作为自然现象来理解的好处在于不需要用柏拉图式的"崇高"(ideal)或"精神"(spirit)来理解生命,只要把它理解成自然过程即可。而从生物学意义上,生命的自然主义体现在"选择进化论"(selective evolution)或者"基因进化论"(genetic evolution)这样的生物学理论上,完全可以从科学认识方面解释生命的机理以及演化过程,这个过程和宇宙万物的变化本质上没有任何区别。生物学的解读可以解释进化的瑕疵(evolutionary imperfection);而生物学所关联的心理学和生理学可以证明人们不存在独立自主的灵魂或者精神,而只有一个物质结构——大脑(materially structured brain),其存在才是意识世界运转的基础;而心智概念(mental concepts)如"理性、情感、价值、观念、美"等只能作为大脑的内化心理结构(underlying psychological underpinnings)存在,不是能够脱离具体的人所拥有活性大脑的独立存在。自然主义对社会学领域同样具有深刻的影响,首先,体现在社会学"物理化"（sociology in the physical terms）这一领域，当人们理解社会关系的时候，可以把社会过程如人际关系或者交际理解成自然过程，遵循最基本的物理定律，如"熵增定律"（law of entropy），既有秩序的一面，也有无序或者不确定的一面，人在社会群体中的行为尤其如此。对社会领域自然化的认识有助于理解本研究的主题，理解人的心理乃至语言行为是如何自然发生的，并且用什么样的物理定律来阐释或者解读。其次，社会自然主义体现的社会过程也是本体过程，与任何自然客体发生的过程保持一致，完全是本体发生过程（ontological occurrences），没有任何外因或者超自然的力量掌控。再次，社会的自然性可以理解成物理世界的结构性，也就是正像上面所提到的，社会和物质世界一样，都是原子结构的（atomically structured），这体现在社会关系上。虽然人们倡导众生平等的理想，但现实社会是分等级的，这种差异性带来了社会的多样和色彩。因为等级，人们管辖日常行为和语言，使之在社会边界之内，由此构建和谐的社会人际关系。最后，自然主义同样溢出到伦理范畴，后者是哲学很重要的认识范畴，涉及价值评判。在这一点上，自然主义思想否定了古典伦理原则，尤其是建立在柏拉图崇高理想上的绝对道德理论，或者亚里士多德完美心理学理论，而把人的真实心理放到了人性考察领域。人性同样是自然过程，没有神圣的目的或者精神使命，心理过程只不过是自然发生的过程，人受直觉或者本能驱动，这是人的自然性。这样，当人们考察人性的时候，会承认人本质的一些东西，预设自私是人的本性，无关道德。那么，一个人如果没有侵犯别人的私人领域，尽可能满足个人欲望是合情合理的。事实上，这种认识恰恰带来欧洲从文艺复兴开始的个体解放运动，把个人价值和尊严放到了精神崇高之上进行考量，让人性尽情地绽放。

综上所述，自然主义潜移默化地影响着思想界，也对世俗的生活产生巨大影响，随时改造人们的世界观，这恰恰是能成为主流价值观之一的重要原因。当然，在本研究语境下，自然主义有着专业的内涵，体现在哲学、科学和语言三大领域。从专业角度来看，"自然主义"作为一个学术词汇有着不同的分类方式，最重要的分类有两组："形而上学自然主义"对"方法论自然主义"，以及"哲学自然主义"对"科学自然主义"。

首先，"形而上学自然主义"和"方法论自然主义"这一对术语有所区别。"形而上学自然主义"（metaphysical naturalism）也叫作"本体自然主义"（ontological naturalism）或者"哲学自然主义"（philosophical naturalism），是自然主义旗下的一个术语，特指与理念相关的（idea-related）自然主义思想，坚信自然界是通过数学推理方式认识的，因此实验或者观察并不重要。形而上学自然主义追求数学模型式的理想（ideal based upon mathematical model-ling），因此属于思辨自然主义范畴，更多地把自然当作一个理念，而非客体。在精神和实体上，形而上学自然主义倾向于前者，因此是非常宽泛的自然主义思想，不仅包含具象的客体，也包含抽象的客体如意识、精神甚至上帝等。形而上学自然主义既可以与科学兼容，也可以与宗教契合，研究对象包括人们所认知的一切世界存在。在这个意义上，形而上学自然主义追求本体性这个最终的哲学目的，比如需要回答"我们的世界都有哪些存在方式"这个问题，因此是柏拉图式的理想主义自然观念。反过来，"方法论自然主义"（methodological naturalism）遵循经验主义这个传统，因此所依据的是客观现实，或者可以说是由数据驱动（data-driven）代替逻辑驱动（logic-driven）。根据此种自然主义内涵，所要回答的不是自然界中有什么，而是自然界是什么。答案就在科学方法内，也就是不同于形而上学的思辨方法，代替的是实证主义方法，通过考察自然过程因果的方式理解自然的属性。总之，方法论自然主义认为，自然主义是对世界的最自然的解释，剔除了涉及超自然存在的一切教条。

其次，"形而上学自然主义"和"方法论自然主义"的区别进一步衍生了"哲学自然主义"和"科学自然主义"的区别，二者都受到现代哲学和科学的影响。"哲学自然主义"属于哲学范畴，通过自然描写来构建认识论的体系。哲学自然主义首先界定了认识论的框架，这个框架的标签是"自然主义"；然后在这个框架内探讨认识的标准和方法，以及预测知识或者真理的可靠性。同理，"科学自然主义"（scientific naturalism）属于自然科学范畴，其任务是先哲学的（pre-philosophical），发现和构建关于研究对象的定律，或者称作"科学定律"（scientific laws）。科学自然主义提供初期的自然主义认识方法，然后提交给哲学家们，为其认识论工作做好前期铺垫。

第二节　奎因哲学中的自然主义

　　前面对自然主义作了一般性的阐释,主要解决了内涵和分类的问题。从上面论述可以看出,自然主义思想一直根植于哲学和思想领域,对科学、社会以及伦理判断有着决定性的作用,尤其影响了中世纪之后理性年代和现代欧美的思考与认知方式。自然主义,尤其是作为哲学领域的研究范畴,深刻地影响着思想界,对认识论的发展起到了推波助澜的作用。在哲学领域,自然主义思想对认识的判断主要体现在从形而上学或者形式化判断转到经验和科学判断上。或者准确地说,传统认识论是建立在柏拉图理想主义和亚里士多德理性主义的二元认识方法上的,两者的共同点都是形而上的判断方式,要么预设有一个绝对的精神或者理念(absolute spirit or idea)作为判断标准或者前提,这样就要求认识契合绝对的精神或者理念,前者是绝对的、无条件的,是标准的(normative);要么在认识过程当中把逻辑或者数学奉为圭臬,知识和真理有效性必须契合一个形式化的框架,否则认识过程就有瑕疵,不能作为评判标准。不论是柏拉图的精神体系,还是亚里士多德的形式体系,都属于狭义自然主义所不能兼容的教条(dogma)。后者(方法论自然主义或者科学自然主义),在科学和经验的范畴内判断知识或者真理,所参考的对象是研究对象本身;而非认识这个对象的头脑或者方法。由此,自然主义与经验哲学和科学走到了一起,强调客体针对不同语境或者观察者角度的可变性,因此排斥绝对理性而提倡相对的真理或者经验。自然主义强调人的体验性,只有认识而非内省或者推理才是知识的唯一来源,由此人的主观感觉或者心理与认识对象的互动尤其重要。这种实质性的接触就像当人们知道一个风景名胜,如长白山,如果没有去过那里,"长白山"只是一个心理意象,所有关于此山的知识本身也是来自二手的间接知识,后者建立在理想化和抽象的基础之上;而只有真正去了这个风光优美的地方,才会与此山有实质的物理接触(essential physical contact),才会有完整的体验,也就是心理和物理的体验(psychological and physical experience alike）。如果没有后者，前者的体验更像柏拉图或者亚里士多德式的精神体验，没有客体参照的情况下描述客体；反过来只有心理体验和物理体验完整的情况下，前者才有真实的客观参考，知识和理论判断才会有真实依据。

综上所述，了解了自然主义在认识论判断上有诸多优势，才能够理解为什么其能够成为占优势的认识标准这个事实。自然主义，在奎因哲学中发挥到了极致。奎因的自然主义体现在哲学自然主义和科学自然主义自洽上，或者说奎因的自然主义思想既有哲学自然主义的成分，也有科学自然主义的成分。在前者意义上，指奎因的专业，毕竟他是哲学家，使命就是哲学研究和探讨。这其中，奎因涉及了很多哲学问题，如逻辑问题、语言问题（语义和命题）等，体现在其自然化认识论和本体相对论这两大领域。对奎因而言，作为哲学使命，需要构建一个新的认识论体系，也就是自然化认识论体系。而科学自然主义是哲学自然主义的补充，暗示着用科学研究方法代替传统的哲学方法研究自然现象并且作出认识论上的判断。总之，哲学自然主义是研究对象，而科学自然主义是研究方法。两者相互结合，发出了新的认识论的声音，也就是以科学为本的新型的认识方式。

一、物理主义和心理主义

据上所述，奎因的自然主义思想是哲学自然主义和科学自然主义的结合体。哲学是目的，科学是手段。所以，奎因的认识论正像长白山一游的例子一样，是完整的认识过程，既是心理体验过程，更重要的是物理体验过程。这样，两者才能够相互照应，各司其职，构成完整的判断链（complete predication chain），也就是说，哲学自然主义作为心理范畴，目的是获得正确的知识和真理；科学自然主义作为物理范畴，提供心理性判断的现实依据。心理范畴可以自主存在（autonomy），是生物性依赖结构（biologically developed structure），也就是以生理性的大脑为依存。大脑结构的自主性会导致不论有没有客观参照，都会产生心理意识，①这就是精神或者形式化哲学存在的原因，因为大脑

---

① 这是先验主义观点，而非行为主义观点。

意识可以不依赖于客体单独存在。而物理范畴不能独立存在①,但却是心理范畴涉及的唯一判断依据,因此尽管在认识上不能自主,但是本体上是独立和客观存在的。心理加上物理才能构成完整准确的认识论体系,或者说正确的认识论是哲学自然主义和科学自然主义二者缺一不可的认识论。这种尝试,从经验主义哲学盛行的时候就已经开始。本研究认为,自然主义发展经历了三个阶段:经验主义、逻辑实证主义、奎因自然化认识论,详细发展或者因果顺序如图2所示。

图 2　自然主义发展顺序

经验主义(代表人物是培根和伽利略)是心理和物理结合的开始,主要强调后者,认识到感官数据的重要性,推崇实验和观察。因为强调知识或者真理的来源判断方式,把认识作为终点,因此偏向哲学,也就是哲学自然主义;逻辑实证主义(分析哲学)融合了形式逻辑和客观现实,因此结合了哲学和科学思维,介于哲学自然主义和科学自然主义之间;而奎因与逻辑实证主义相同,相同点在于结合了心理和物理两大领域,既承认了客体的合法性,又主张心理认识的有效性。同时奎因自然化认识论与经验主义相反,体现在路径不同。经验主义强调从客体到本体的认识,而奎因是从本体回溯到客体。因此奎因偏向科学自然主义。当然,奎因的"科学自然主义"不是前面提到过的科学自然主义,在这里有着不同的内涵:首先,奎因科学自然主义如此界定是因为其回溯原因,但一般意义上的同义词没有此内涵;其次,奎因科学自然主义(狭义)是哲学自然主义和科学自然主义(广义)结合后的结果,此"科学自然主义"比前者外延更大。由此,为了不混淆概念,科学自然主义在本语境下可以暂时界定为"奎因科学自然主义"(Quinean scientific naturalism)。

奎因自然化认识论是"哲学自然主义"和"科学自然主义"融合的结果,被

---

① 针对观察者而言。

称为"奎因科学自然主义"。哲学对应的是心理领域,而科学对应的是物理领域,那么奎因的自然化认识论自然就是心理主义和物理主义兼容的哲学体系,"心理主义"和"物理主义"可以作为奎因语言哲学思想中的两大组成部分。

作为哲学术语,"物理主义"是卡纳普(Carnap)代表的逻辑实证主义者所推崇的概念,把物理学纳入哲学研究中,把心理现象简化成物理现象,用前者还原于后者,这样就统一了心理和物理两个领域,解决了笛卡尔问题,做到了身心二元的统一(unity of body and soul)。物理主义遵从还原论,也就是把经验科学还原为物理学,所以在判断上心理学命题等同于物理学命题。与"物理主义"相对应的是"心理主义",是心理学的一个标签,特指实验心理学研究方法,并且是对应于古典心理学的现代心理学研究方法。心理主义心理学研究有一个渐变的过程,从基于内省化的内部心理研究的实验心理学(experimental psychology)过渡到了19世纪初美国流行的基于外部行为观察的行为主义心理学(behavioural psychology),一直到20世纪中叶结合认知科学的认知心理学(cognitive psychology)为止,经历了不断发展的过程。奎因的心理主义主要侧重行为研究,通过语言行为物理性的观察还原整个认识的物理过程。通过还原,奎因解释了认识过程的内在结构以及认知体系,因此相当于结合了现代心理学的三个阶段模式,目的是更好地还原到物理现象,实现物理主义和心理主义的统一融合。

二、客观性和主观性

奎因的自然主义思想,是物理主义和心理主义相结合的结果,被称为"奎因科学自然主义",因此,不论是物理学研究还是心理学研究,自然科学是蓝本(blueprint),是认识论的圭臬。物理主义和心理主义的结合,目的是消除身心二元性,也就是客体和主体分离问题。解决方法就是把心灵世界和物质世界理解成为相通的两个部分(two spaces connected to each other),避免二者相互独立,无法兼容。在自然主义框架下,可以把心灵现象还原成客观现象,用唯物性解释一切客观存在。事实上,心理主义和物理主义的兼容,或者说心理现象还原成物理现象,等同于重新认识了客观性(objectivity)和主观性(subjectivity)这两个对立的概念。

在哲学意义上,客观性和主观性涉及对待事物的看法。首先是客观性,作为短语的核心部分，"客观"强调的是"客"字，显然和客体有关（object-related）。因此，客观性是描写判断的属性，当然是指主观性的判断（在此意义上，客观性也是主观性的一种）。客观性依赖客观判断（object-based predication）来实现，所以判断依据应是独立于人们心智的客观实体①，以及与之相关的所有事实、数据、陈述等。客观性判断更多指态度（a matter of attitude）而非现实（a matter of reality），原因是这种评判发生在主观世界中，难免被意识篡改或者重塑。鉴于此，日常进行客观性判断的时候，态度是主要评判对象，也就是客观性判断要尽可能摆脱主观性，力求最大限度的客观。与客观性相反，主观性显然与主体有关（subject-related），并且不仅像客观性一样是一种判断形式，也可以指本身的存在方式。主观性判断，根据"主观"的内涵，显然有个体的倾向性，指以个人兴趣、喜好、价值观甚至思维方式为参照的判断形式。这样来看，客观性判断和主观性判断思维的方向性显然不同，前者是向外拓展的思维（outward thinking），后者是向内收缩的思维（inward thinking）。向外追求事实（fact），向内寻求观点（viewpoint）和态度（standpoint）。三者构成了人们日常生活中的思考方式，见下面三个例句。

a.西伯利亚虎是虎的一个亚种（事实）。

b.西伯利亚虎是温顺的动物（观点）。

c.我很喜欢西伯利亚虎（态度）。

在哲学上，主观性和客观性是对立统一的一对范畴，构成了唯物思维中的辩证关系，二者共存于日常生活判断中，这是集体无意识的结果，在文化传承中不断传播；这也是哲学最基本的思维方式。在后者角度，无论是主观性还是客观性，均为哲学探讨和批判的对象，也是思考本身。在这里，应该注意这样的问题，即无论客观性还是主观性，本身就是相对的判断，无法作非此即彼的分类（polarity-based classification），二者你中有我，我中有你，界限模糊（blurred demarcation）。所以，哲学和科学中所追求的客观性仍然是一种尝试，或者叫态度。在这里，奎因自然化认识论就属于这样一种努力，也是最成功的尝试。显然，奎因是想给认识论一个更加清晰的答案，或者本体承诺，其目的是还原

---

① 大脑也是客观实体。

所描述对象清晰的原貌。奎因的上溯是追求客观性很好的尝试,如果不能够看到那个物理数据的真实来源,至少也给哲学同行们一个到目前为止最好的方法,一个力求最大限度客观性的方法。奎因的做法基于这样一种假设:科学比哲学更容易还原现实。基于这一假设,不难理解为什么奎因在努力地尝试哲学科学化这个实验。

三、科学和哲学的统一问题

奎因自然化认识论的尝试与自然主义思潮相一致,其目的是追求认识的客观性、经验性和科学性。鉴于此,奎因是第一个尝试统一哲学和科学的哲学家之一。哲学和科学的统一是认识论的一大进步,至少可以使科学和哲学两大学科融合在一个连贯的体系下(coherent system),消除二者的不一致性,促进认识和判断。奎因的框架在本研究语境下的名称就是"自然主义",更准确地说是"科学自然主义"。从历史维度来看,自然主义是古希腊形成的最朴素的世界观,一直在欧美思想和文化领域占有统治性的地位。尽管在中世纪有所衰弱,但伴随着文艺复兴而迅速复兴,经过理性年代的夯实,已经成为近现代社会主流的哲学价值观。自然主义在古典时期出自人类对自然的自发兴趣,而近现代来自对自然更多的发现,尤其是在自然科学领域如物理学和生物学等。对自然的认识是科学的使命,反过来必然会影响人们的头脑,改善人们对世界、人和心智的解读,其结果就是哲学思维的转变,从希腊的理想和形式主义转向自然和科学主义。哲学的转变是研究方法论的转变,是从早期的基于内省和演绎唯理方法(introspection and deduction-based rationalism)转向依赖经验和实证的科学方法(experience and experiment-based scientism),哲学转向科学寻求答案。哲学向自然科学靠拢要归功于经验主义哲学的产生和发展,在这里培根功不可没。哲学意义上的自然主义等同于经验主义,提倡实证精神,也就是现代科学(感官科学)精神。在这里,自然主义是狭义上的,既标识了实验科学和理论科学的分野;也标识了经验哲学和思辨哲学的分野。自然主义属于两对范畴的前者,所以科学与哲学的统一相当于实验科学和经验哲学的统一,二者等价在一个框架内,唯一的区别在于学科属性、目的和方法不同。不论是实验科学还是经验哲学,都与人类的经验和体验相关,所以与先验或者推理无关。经验性意味着,当人们思考时,没有什么是纯概念式的

(conceptual),或多或少是经验式的(experiential)。

这种观点的拥趸之一即奎因,他沿袭了欧美的经验主义传统,否定对哲学进行纯概念式的分析方法,也就是否定第一哲学的作用,显然他不认可知识或者真理来自先验式的前提,推崇物理数据在认识方面的重要性,也就是科学方法的用途。用科学方法解决哲学问题,必然要求认识判断经过感官筛选和验证(sensorily-based selection and verification),所以应该研究那些"刺激"(stimuli),也就是进入人们感觉系统和认知系统的那些外部数据。刺激是奎因心理主义和物理主义的核心词汇,是联系两大系统的纽带。通过刺激,奎因成功地把认识论引入物理学体系,使科学和哲学成为自洽的两个领域,实现了自然主义最大限度的科学化。通过融合哲学和科学,奎因作了如下尝试。

a.确认了基于经验的自然主义思想的地位和作用。

b.提出了物理方法和认识论统一的可能性。

c.证明了语言在自然主义框架下对如上统一的关键作用。

从第三点来看,很容易理解奎因对语言的兴趣。原因显而易见,不论探讨哲学还是科学,甚至两者关系,都无法回避语言问题。事实上,语言学观点是奎因哲学体系不可分割的一部分,既是哲学本身的问题,也是哲学辅助问题。因此,通过语言的研究,可以更好地理解奎因自然主义思想、自然化认识论的问题以及心理性和物理性兼容的可能。

第三章　奎因语言哲学思想

　　本章将探讨奎因语言学的基本观点,从哲学和逻辑视角看待语言的本质和功能、自然主义框架内部语言的作用、语言在自然化认识论和本体相对论体系中的体现以及语言如何作为心理主义和物理主义兼容模式的催化剂等问题。

　　作为 20 世纪最有影响力的哲学家之一,奎因受训于英美的经验主义传统(the Anglo-Saxon Tradition of Empiricism),与这个传统中的哲学家以及语言学家一样,除了广泛的逻辑、数学、哲学和科学的兴趣外,还有着狂热的语言兴趣。事实上,语言学很多理论都来自这个流派,尤其是经验或者实证语言学派,兼或语用学以及社会语言学派,包括人类语言学派等。其中影响力最大的语言学分支就是语义学,尤其传统的"真值条件语义学"与分析哲学密不可分。"真值条件语义学"侧重命题,意义来自逻辑分析,分析的结果与客观现实进行匹配,能匹配,句子就有意义,即有真值(truth value),否则没有。在这个角度,语义是分析式的(analytic),这就是分析哲学的本义。分析哲学是"语言学转向",目的是通过语言问题解决哲学问题,就像想探讨伦理问题,理解"善"(goodness)这个概念,首先要做的是给这个词汇一个清晰的语言定义,知道其内涵和外延,才能对其伦理价值进行探讨。如果不作任何事先约定俗成式的(conventionalized)界定,任何哲学讨论都没有意义,都是无本之源,没有很好的逻辑起点或者前提。从这一方面可以看出,语言学和哲学有着密切的关系,只不过这种关系在分析哲学出现之前被哲学界所忽略。忽略的原因在于传统哲学家认为哲学本身是自然而然的事情(something taken for granted),是专业的问题探讨,而忽略语言在表达、判断、概念形成和理论构建方面的作用。一方面,语言和思维等价,思考离不开语言,并且后者使前者更清晰、更确定;另一方面,语言是思考的媒介和辅助,因此可以促进哲学的研究。尽管语言有很强大的哲学功能,但是分析哲学的哲学家们,其中很多人也是语言学家,却没有把哲学和语言作为一个问题来探讨。

奎因继承了分析哲学的传统,同样关注语言学问题,花了很大精力在语言和逻辑问题上。与继承性相对立的是奎因的反叛,这一点和维特根斯坦的做法相同。后者也受过良好的分析训练,但后期也脱离了分析传统,提出了一系列有别于分析哲学的语言和哲学观点。维特根斯坦后期关于语言游戏假说,完全放弃了语言逻辑方法,而转向了语用学的观点,偏向社会和文化的语言内涵。同理,奎因也意识到分析哲学的局限性,作出和维特根斯坦一样的转变。不论是维特根斯坦还是奎因,都意识到了分析哲学最大的问题,就是没有彻彻底底迈向经验主义。虽然分析哲学走的是"经验主义"路线,但只是逻辑意义上的经验主义,比如在判断命题时强调语言知识和事实的匹配性,也就是说分析哲学的经验性是落到"事实"这个概念上,但是本质上其研究方法和目的仍然是逻辑式的形式化方法(logic-driven formalization),所追求的是关于命题的绝对知识,而没有把语境、语言使用者以及语言行为考虑进去。所以,在这个意义上,虽然分析哲学与传统的思辨哲学相比,有了很大意义上的经验属性,但本质上还是遵循亚里士多德的形式化传统,在借助语言讨论哲学问题时仍然在抽象和简化。奎因走了不同于这个传统的路线,把语言问题当作心理学和社会文化问题来对待。事实上,自然化认识论里面不仅包含认识的物理属性,也包含心理属性,二者无一例外需要通过语言这个媒介来实现。因此,奎因与那些传统经验主义者不同的是,他不仅尝试哲学和科学的兼容,同时也尝试添加语言这个学科,建立一个既能探讨哲学,也能探讨科学,更能探讨语言的学科体系。

第一节　哲学和语言学观点的关系

奎因哲学是探讨哲学和语言学的综合学科(synthetic subject),系统地建立了基于语言论述上的哲学观点,这一点与分析哲学没有区别,都是从语言问题切入,最后回到哲学问题。在这里,不论涉及分析哲学还是其派生出来的奎因自然化认识论,都构建了哲学和语言学的密切联系。关系有两种可能性:一种是语言学问题和哲学问题的等价问题,探讨一个问题实际上是在探讨另外一个问题,因此两个问题简化成了一个问题;另外一种可能是语言探讨辅助哲学探讨,后者为主、前者为辅,或者说语言学研究事实上是哲学研究的辅助工具。在这个意义上,如分析哲学,尝试通过语义分析(semantic analysis)方式给哲学一个定义的前提,就像关于"善"这个词的界定一样,是为了方便关于善的探讨,有一个很好的逻辑出发点,也就是语义的出发点,后者情况下分析哲学认为对解决哲学认识至关重要;同理,奎因的语言学观点,无论是词义、句式分类还是翻译不确定性问题,都是为了解决心理刺激的物理来源问题,提出了理论内涵或者语言本身如何正确地溯源。溯源的目的是提升认识效率,帮助人们获得正确的知识和真理。事实上,两种可能性均是奎因哲学和语言思想中并发的事情,第一种可能性会在下节讨论。

回顾哲学和语言学的发展,可以看出,语言的研究一直伴随哲学左右,只不过到了分析哲学阶段,语言才成为哲学的标志,成为和哲学探讨密不可分的学科,所以奎因不仅遵循了分析哲学传统,也遵循了哲学的历史传统。自古希腊哲学产生以来,语言就是哲学家们关注的事情,如很早就有关于"名称"(naming)的观点,如早期"唯名论"和"唯实论"之间的争论,代表人物有柏拉图(唯名/唯实)和亚里士多德(唯实)。之所以早期的哲学先贤会关注语言问题,更多地出于本能和天性。语言对于日常经验来说,是自然的事情,每天都在发生,每天都在使用,因此对于日常生活而言人们不会有太大兴趣,就像人们每天不会去思考为什么一日三餐一样。约定俗成意味着人们只需要知其然(for what)而无须知其所以然(what for)。而哲学家是反直觉和经验的,他们会对日常生活当中司空见惯的事情产生好奇心,比如语言,这就是为什么希腊智者会关注语言的原因,恰恰是日常生活才能引发哲学思考。在这里有趣的是,正是这种需要知道所以然的天性导致了后来的科学精神。

从哲学这个专业角度来看,哲学和语言学是密不可分的两个学科,二者你中有我、我中有你,关系密切。哲学提供了判断人们日常陈述所蕴含真理度

（degree of truthfulness）的判断工具；而语言反过来为哲学研究思维本质和结构（essence and structure of minds）提供示范性的参考。总之，对应语言属性和功能的哲学研究，以及语言、人和世界的关系属于"语言哲学"（philosophy of language）范畴，或者叫"哲学语言学"（linguistics of philosophy）。语言和哲学的关系，如上所述，要么探讨"关于语言的哲学"（philosophy about language），也就是探讨语言和思维的关系，要么是"通过语言的哲学"（philosophy via language），后者意味着语言是一面镜子，透过镜子可以获得哲学问题的答案。

奎因的语言哲学体系，在其内部，语言问题和哲学问题的相关性，至少有两个问题是并列存在的。关于奎因语言与哲学关系，本研究定义为三种情况：同一性、互证性和统一性。

一、同一性

第一种关系被定义为"同一性"（identity），是数理逻辑的一个术语，指二者的相互替换性（reciprocal substitution of each other），用公式表示为："A＝B"或者"B＝A"（"A＝B"反之"B＝A"），A 和 B 等价（equivalency）。同一性是非常有效的描述事物关联的方式，一般指一个事物有两个或者两个以上标签（labels），是常用的哲学、数学、语言或者逻辑的表达手段。在探讨等价性的时候，抽象/形式化与具体实例相结合，如"A＝B"或者"B＝A"属于形式化的表述方式，是抽象，字母所代表的是变量，公式是穷尽归纳的结果，而具体实例指在等价这个公式所代表的范畴（category）或者集合（set）内，会涉及的具体例子。如探讨"极地熊科动物"（polar ursidae）这个范畴/集合，因为"A＝B"或者"B＝A"，所以"北极熊（polar bear）＝白熊（white bear）"或者"白熊（white bear）＝北极熊（polar bear）"。这样的形式化描述同样适用于很多其他方面，如把"A＝B"或者"B＝A"放到"几何学"范畴/集合里面，会有这样的等价关系："三角形（triangle）＝三边形（trilateral）"或者"三边形（trilateral）＝三角形（triangle）"。所以，同一性就是一个客体或者概念会有两个以上的名称。不同名称除了具有语言表述的多样性和灵活性外，更多的是在相同外延（denotation）基础上看到一个事物的不同内涵（connotation），由此来呈现其在不同时空（spatiotemporal dimensions）条件下不同的形态或者表现。比方说，"启明星"（Morning Star）和"长庚星"（Evening Star），两个词汇指同一个客体，即太阳系中地球的姊妹行星(sister planet)金星(Venus)。之所以用两个名称是为了区分二者在不同时间出现的情况,一个是在日出前东方地平线出现的金星;另一个是日落后西方地平线出现的金星;或者综合来说是指针对地球上的观察者而言在不同时间和地点出现的金星。

从语言角度来说,同一性是指两个同义词(synonyms)互相替代的情况,如上述关于金星不同表述的用法。语言当中同义词有两种情况:"绝对同义词"(absolute synonyms)和"部分同义词"(partial synonyms),前者内涵和外延均相同,可以无条件地替换。但这种同义词数量稀少,仅限于非常专业的场合,如语言学中英语词汇 word-formation 和 word-building,二者都是"构词"的意思。大部分同义词属于部分同义词,内涵不同,如上面所举的那些例子。在功能语言学上,一般用"标记"(token)的同义关系来指示意义上的同一性,就像"白熊"和"北极熊",是不同的"标记",指一个"价值"(value),也就是生活在北极地区猎食海豹、善游的熊科动物。

同理,"A＝B"或者"B＝A"这个公式在本小节语境下是指奎因学术体系中的哲学和语言学之间的同一性,即等价性,因此可表述为"哲学＝语言学"或者"语言学＝哲学"。在这里,奎因的语言哲学研究中两个学科可以相互替换,唯一的区别是名称不同。名称不同是因为内涵不同,奎因的哲学研究追求"哲学目的"(philosophical goal)这个内涵,而语言研究是"语言目的"(linguistic goal)之内涵。两者有共同的外延,即综合研究目的,也就是"自然化认识论"这个选项。选项基于奎因语言和哲学体系的同一性,通过侧重学术目的不同方面殊途同归:哲学上凸显的是"认识论",而语言学强调"命题"的经验性。虽然凸显的特征或者属性不同,但均需要达到"语言参与的认识论"(linguistically mediated epistemology)这个最终目的,只不过目的是由两个可以互相替换的学术体系构成:哲学是由物理主义(语言上溯)和心理主义(概念形成)相互印证的认识论判断;语言学是经验性(物理过程)的内在理论内涵生成(心理过程)的结果。

奎因哲学与语言学体系的同一性延续了西方把二者等价的传统,涉及两个学科密切的关联。不论是哲学还是语言学,均趋向形而上的思考目的,可以高度形式化和简化;同时,二者都是关于人类思维本质的学科。思维本质的澄清就等同于解决了"我们是谁"这样的问题，回答了"人类的必要性在哪"（哲学）和"人类的必要性的心理结构是什么"（语言学）这样的问题。问题的答案，不论来自哲学还是语言学，都是关于人的最终答案。

二、互证性

第二种关系为"互证性"（mutual affirmation），即一种相互证实的关系。与第一种关系略有不同，同一性是名词性的判断，基于相似性（sameness）的属性，在语法上属于名词，是判断的状态（condition or status of the predication）；而"互证性"核心是"证"这个动词，因此具有动词属性，指判断所给予的动作过程（verbal process of the predication）。证实是逻辑判断的基本方法，涉及对一个客体的确认过程（a process to ascertain），属于最基本的判断方式。不论数学、哲学还是自然科学，甚至日常思维，都需要这样的判断过程。证实需要依据（data），依赖推理（inference），构成完整的动词性因果链（verbally causal chain）。依据可以是很多种，如"现象、行为、事件、叙述、知识、数据"等，都可以作为判断的依据；而推理是对依据的有效应用，依靠依据，但不一定获得正确的结论。就像一个人没有太多关于老虎的知识，有一天想当然地说"老虎是食草动物（herbivorous animal）"；然后碰巧在动物园里看到老虎在啃草①，于是就证实他/她的说法。当然，有更多知识和逻辑能力的人知道这样的推理有瑕疵。尽管有老虎行为这样一个确定的依据，但是却证实了某个错误的"估推"（abduction），也叫"溯因推理"，错误在于用偶发事件（accident）代替了常态（routine）或者重复性（repetition）。老虎的例子是错误证实的一种，还有很多种，在日常生活当中经常发生，但在专业的学术和思想领域是不能接受的，这就是为什么学术需要用专业性的体系进行判断。事实上，证实的目的是为了获得正确的知识或者真理，同时又能够把不正确的知识剔除出去。后者叫"证伪"，是一个把错误的结论能够筛选出来的动态过程。通过证伪，显然证实是为了获得正确的知识和真理。在这个过程中，除了良好的证实能力，还需要依据的可靠性（reliable data）。俗话说"眼见为实"，所以最可靠的依据就是人们感官经验所能够感知到的东西。鉴于此，依据并不是一个绝对的概念，而

---

① 虎偶尔会啃草帮助消化。

是从可靠性来讲的一个梯度概念（a matter of scaling），也就是在判断的时候往往会在一个由两个端点"最可靠"（最不可疑）和"最不可靠"（最可疑）之间进行选择，构成了一个可靠性的谱线（reliability spectrum），如图3所示。

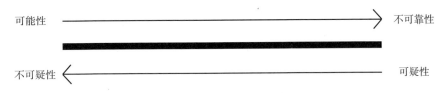

图 3　知识/真理可靠性梯度

互证是把判断的两个主体作为相互依据的过程，所以 A 和 B 两个选项可以成为相互的证实对象："A 基于 B"和（或者）"B 基于 A"。互证性与单向的证实区别在于证实是可逆过程（inverse process），因此依据的可靠性显然要求更高。严谨的可靠性来源于判断对象的相互限制和相互选择，两个依据必须同时可靠，互证才能够实现，缺一不可。比如用诚实来证实虚伪和虚伪来证实诚实，二者一定要保持确定的道德属性，互证才能完成，当然更重要的一点是两者必须在一个判断框架内。

互证性应用到奎因语言哲学思想上，等同于表述"哲学证实语言理论的有效性"和"语言学证实哲学理论的有效性"。依据以上的概括性描述，奎因体系内部"哲学"和"语言"互为依据，能够证实对方的有效性。如果哲学作为依据，那么自然化认识论思想蕴含着在日常陈述或论证时候所依赖的客观现实依据，因此结合心理主义和物理主义的认识论，自然会使语义上的命题更具有真实有效性，反映了真实的意识所溯源的真实的客体；反过来语言学作为依据，那么命题的经验属性和翻译不确定性证明了传统认识论无法看到现实语境下客体的真实样貌以及心理的实质认识过程，因此对语言本质的正确理解能够提升哲学的认识这个有效工具。

事实上，奎因恰恰是一个实证主义者，他不仅构建了语言和哲学的互证体系，同时也构建了科学和哲学的互证体系。部分原因可能恰恰是他通过科学认识发现了哲学和科学之间的重要区别：哲学不能证伪。所以，这可能是奎因极力主张把科学方法引入哲学研究的很重要的原因，只有通过科学这个最可靠的工具才能获得正确的认识论过程,合理化知识和真理,因此奎因在证实意义上彻底到达了经验主义领域内部。

三、统一性

"统一性"(unity)与"互证性"分享相同的动作属性,也是指一个动态过程,至少在语法上具有相同词汇属性;同时与"同一性"相比,读音相同,为"同音异形词"(homophone)①;当然不同之处在于词性。最重要的一点,无论是"同一性"还是"统一性",均强调一致性(accord)和匹配性(compatibility),证明比较对象之间的和谐与融合。当然,与建立在互补逻辑关系上的同一性不同的是,统一性是指两个或者两个以上的对象可以放到一个容器(container)中,专业上这个容器称作"系统"(system)或者"框架"(frame)。统一的前提是同一对象可以相互兼容,即可以有同一性,或者具有互证性;否则就不能放到一个框架内,自成体系。如果是后者,不同对象因为属于不同的范畴或者集合,自然在形态或者属性上相互排斥(mutual exclusion),如"生"和"死"之间就不能兼容,因此无法统一到一个"生命状态"(life status)范畴,所以两个词汇构成了互补反义词(complementary antonyms)。与排斥的情况相反,统一的结果自然使比较对象形成同义关系,用同义词体现,分享一个范畴和集合。如同一性里面举的"北极熊"和"白熊"的例子,二者就是同义词,因此可以统一到一个语义场(semantic field)里面,当然是同义语义场。统一是哲学和科学追求的目的之一,其一是为了简化认识,用共性的方法理解不同事物,达到高度的抽象和理论,并且方便作形式化描写。比方说,地球的公转和苹果落地就可以统一到一个体系,也就是牛顿的万有引力定律体系中,这样不论是苹果的自由下落还是地球围着太阳公转,都与万有引力有关,也就是可以陈述为"运动是引力引起的"(motion as the product of gravitation);其二是涉及任何一个体系的连贯性和一致性,所以为了让该体系能够自洽,或者说解决体系内部自相矛盾性,哲学或者科学需要统一来解释看起来不能自洽的内部成分或元素。最好的例子就是前面提到过的物理学中的"大统一理论",一种说法是相对论(relativity)和量子力学(quantum mechanics)的统一。前者是建基于因果逻辑

---

① 汉语语调略有差别。

的宏观力学体系，而后者是基于统计学的不确定微观理论。统一方法就是要建立一个既能解释相对论又能解释量子特性的连贯物理体系。另外一个大统一理论指统一已知的宇宙当中最基本的四种力：引力（gravitational force）、电磁力（electromagnetic force）、强核力（strong nuclear force）和弱核力（weak nuclear force），目的是找到一个能同时说明这四种力的解释系统。

统一方法也是哲学不断修正已有认识的方法，尤其是在认识论领域更加明显。哲学的统一目的可以参考物理学，同样为了寻找一个连贯的认识论系统，融合不同视角的学术理论。如自然主义、经验主义和物理主义的一致性就是一个统一的视角，均从客观角度认识世界。奎因的语言哲学体系同样是统一的哲学尝试，通过自然化认识论与命题的批判，他尝试统一了哲学和语言学两大学科体系，使其不再各自为战、分属不同的学科；而放到一个认识框架下来理解。这样，哲学问题和语言学问题就变成了同一问题，可以相互印证，变成认识合力（resultant force for epistemology）。事实上，奎因语言哲学认识体系同样蕴含着互相印证的三大统一体系：首先是哲学和语言的统一；其次是哲学和科学的统一，这是奎因认识论的目的；最后是心理主义和物理主义的统一，这是认识手段，也是本书所采用的视角。当然，基于以上统一观点，在获得的语言学认识论上，本研究尝试统一先验主义、唯理主义以及经验主义，用统一的语言学方法论框架，在"自然主义"这个标签下，构建连贯的语言学认识论系统。

第二节 语词和实体的关系

综上所述，奎因语言和哲学研究是同一、互证和统一的体系。因此可以称为"奎因语言哲学"（Quinean Philosophy of Language 或 Quinean Linguistics of Philosophy）。"语言哲学"是一个术语，指完整的学科；而奎因的体系由两个学科合并而成，有两个组成部分，地位相当（on the equal basis），兼容在一个体系中。奎因哲学在前面已经作了部分阐释，目的是背景铺垫，了解奎因的语言学思想离不开其哲学思想。而从本节开始,将会探讨奎因的语言思想,这是本研究的主要部分。对奎因语言理论的研究,可以分成词汇和句子两部分探讨,两个结构层面构成了奎因语言学思想的主要涉及方面。

奎因的词汇,或者语词,是本体相对性所涉及的主要问题,为此他专门写了一本书,一般翻译成《语词和对象》,专门论述过这个问题。词汇与客体的关系反映了传统意义上语言和世界的关系,从古希腊开始就有所探讨,一直到现代语义学的出现,均涉及语言符号和客观所指的关系方面。这其中重要的发展就是词汇指称理论,是对传统形式理论(formalism)的有效补充。指称理论确定了能指(symbol/sign)和所指对象(referent)之间的必然关系,通过这种关系,明确了词汇出现和使用的必要性,就是用语言来代替客观世界,使后者明确化(determinate)和象征化(symbolic)。比如,说"金星"这个词,其并不能独立或者自主存在;或者说是一个纯语音符号(phonetic form),也就是可以随意发出的声音;相反的是这个词有意义,因为指示的是太阳系中已知的天体,因此"金星"指代太阳中叫"金星"的这颗行星。语义学指称论修正了概念理论(conceptualism),提出了意义实在论的观点,而非像后者那样,仅仅认为语义指示概念,相反指示实体。奎因接受了指示论的观点,并且走到了极致。这也是其理论与传统语义学观点的不同,是在继承上进行扬弃。修正基于传统指示观点的缺陷,换一说法就是语言符号和客观所指之间是基于确定的关系,而没有考虑指称对象的不确定性和可变性。比方说,金星会有各种各样的变化,如位置的变化、大气的变化、近日点(perihelion)和远日点(aphelion)的变化,这些变化无法通过指称关系体现出来,所以语言符号所指示的仍然是金星这个概念,而非物理实体。这种客体变化无法通过形式化的指称表达出来,也就是指称理论并没有参照物理语境(包括社会文化语境)。奎因恰恰意识到了本体的不确定性(indeterminacy),所以建议把物理数据引入心理判断中,比方说把在特定场景下称作"金星"的这个实体限制在"金星"这个词汇命题逻辑性的唯一判断对象范畴内,也就是语义上溯。上溯是为了摆脱一般性概念,而拓展到具体的对象上。

奎因关于词汇的观点,也就是语词和客体的关系,是其语言哲学思想核心的立论前提之一。由于语词在指代本体时的不确定性,因此需要修改基于命题陈述的认识方法,也就是把客体本身(物理意义上的实体)作为认识论所能依据的来源,以获得正确的知识和真理判断,如关于"金星"的命题陈述所要达到的概念内涵,构建关于这个词汇所蕴含的正确客观知识和真理。奎因的语词和对象研究涉及一些最基本的词汇语义(lexical semantics)问题,下面选择几个典型的概念简要介绍。

一、模糊性

语词和实体的关系首先体现在词汇模糊性(fuzziness/vagueness)上,一般指一个词内涵、外延或者二者均不明确的情况。奎因所探讨的模糊性和日常语言习得(language acquisition)相关,也就是实体本身无法有一个明确的语言界定,比如如何理解介于"蓝色"和"黄色"之间的词汇"绿色"①,"到目前为止,在光谱上靠左的黄色和偏右的蓝色之间有一个颜色,我们把这个颜色当作绿色,'绿色'是模糊现象"(奎因,1960)。绿色所体现的语义模糊是选择性的问题,不仅在语言内部有效,同时在跨语言(cross-linguistic)范畴上还具有差异性,就像在汉语中,在黄色和蓝色之间不仅有绿色,同时还有青色这个选项。奎因所涉及的词义问题也是认知语言学所关注的,尤其是"颜色词"(colour terms)的认知现象。这是范畴相似性(categorical resemblances)研究领域,事实上提出了由于认知范畴或者语义范畴的连续性,造成了在定义一个词汇时需要联系周边词汇,在实际感知中这个词汇指代的不是一个点,而是很多选项。客体的模糊性自然造成了人们在感知以及理解方面的不确定性,因此很多词汇都会有这样的模糊特征。再如英语中"muddy water"和"wet mud"二者的区别。前者译成"泥水",后者译成"湿泥"。"到目前为止,什么时候说'泥水'而不是'湿泥'仍然是悬而未决的问题,'水'和'泥'是模糊现象。"(奎因,1960)在实际语言使用上,人们会遇到大量的语词模糊现象,造成了日常语言交际的失效和冗余(failure and redundancy)。模糊不仅是词汇内涵不定性带来的,也是外延不确定性带来的。因此,奎因提出了心理主义框架下的理论构建方法,等同于什么样的心理机制可以获得类似"绿色"正确的概念以及语言输出,同时需要语义上溯去找到那个物理主义框架下针对某一时空点的实际

---

① 这是在英语语境下的颜色认知,不能等同于汉语中的颜色认知。

带有颜色的客体。

二、歧义词汇

"歧义词汇"（ambiguous words）是与"模糊词汇"相关的一个概念，二者有的时候经常交替使用。本研究采取两个范畴的方法进行探讨，假定模糊词汇是从心理角度理解词义的不确定性；而歧义词汇则从形式角度（语言结构）理解词义的多样性。歧义词汇会造成歧义现象（ambiguity），是指一个语言结构可能会产生两个及以上解读的现象。歧义是传统语义学经常讲授和探讨的内容，一般分为两种：一种是由于一个词是同音同形异义词（homonym），所以如果出现在一个句子当中，又没有更多的限定词进行提示，会产生解读问题。如下面的英语例句：

John drove to the bank.

由于 bank 既可以指银行，也可以是岸边，因此这句话至少有两种解读方法。这种歧义被称为"词汇歧义"（lexical ambiguity）。

另一种叫作"结构歧义"（structural ambiguity），和语言结构的模糊性相关，如下面英语例句：

Smoking cigar is dangerous.

Smoking cigar 既可以是"冒烟的雪茄"，也可以是"吸食雪茄"。

歧义问题在这一小节主要放到词汇歧义上，涉及语词和对象的关系。就像 bank 这个英语词汇，事实上有两个外延所指，因此就造成歧义现象。在《语词和对象》中，奎因着重探讨了歧义，论述文字达七页之多。不仅涉及了歧义词汇，也论述了句法歧义（ambiguities of syntax）。在这里，他区分了歧义和模糊。根据其理解（与本研究的区分大同小异），歧义需要通过含有歧义词汇本身句子的其他部分来判断；而模糊仅仅是那些边缘物体（marginal objects）。在这里，奎因并没有对"边缘物体"作界定，但不论如何，在其词汇范畴中，模糊和歧义是无所不在的语言现象，主要体现在语言习得和使用上，原因很简单，只有在这两个语言过程中，人们才会意识到语词和对象关系的不确定性，因此有必要构建心理习得机制和上溯对象的真实形态。

三、同义词

"同义词"也是奎因在《语词和对象》中单独分节讨论的问题，词汇作为小标题出现在文中。同义词也是语词和实体之间不确定性的根本原因,这里所涉及的词汇选择问题,也就是由于一个对象有不同的词汇描述,所以有必要参考上下文(co-text)或者语境(context)选择正确内涵的选项。

奎因对同义词的理解与传统语义学大同小异,后者一般区分两种同义词。正像本章第一节第一部分标题为"同一性"所分类一样,两种同义词分别为"绝对同义词"和"部分同义词",不再赘述。绝对同义词在不确定的语词和实体关系上所面临的理解问题相对于部分同义词要小得多,原因是两个词汇可以完全指示一个对象,外延相当,因此心理意象相同。但是绝对同义词,如英语中的 word-formation 和 word-building,仍然属于两个词汇(短语),因此在人们习得或者阅读的时候会分别建立两个与词形相关的心理范畴,用来储存和理解这两个词汇(短语)。因此,绝对同义词所带来的不确定性虽然没有出现在物理实体本身上,但至少在心理框架里。在这个意义上,需要在两个词之间进行转换,构建一个心理竞争模式,在双方博弈妥协后进行词汇筛选。相对应的是,相对同义词,比如英语中 buy 和 purchase,前者翻译成"买",后者"购买",至少存在三个方面的差异:首先体现在语义差异(semantic difference)上,buy 是上位词(superordinate word),包含 purchase,后者是下位词(subordinate word);其次是数量差异(quantitative difference),purchase 显然有更多数量的含义,buy 不强调数量;最后是文体差异(stylistic difference),buy 一般文体和正式文体皆可,当然更多在口语中出现,而 purchase 文体狭窄,一般只用在正式或书面语中。不论是何种差异,显然 purchase 属于标记词(a marked word),往往指一个范畴中特定意义的词汇。由此可以看出,部分同义词不仅分享绝对同义词的心理不确定性,而且有指示对象的不确定性,在语词和对象的关系上比后者具有更大程度物理意义上的模糊性,是语义上溯所关注的焦点。这个问题是奎因意义不确定性的根本问题,在同义词角度,语义模糊完全是由词义内涵不确定造成的,不仅不同内涵的词汇可以指代一个物体(语言的心理性),也可以是一个内涵的词汇指代不同物体(语言的物理性),甚至不同内涵的词汇交叉性地指代不同物体(心理性和物理性的结合),所有这一切都是奎因强烈呼吁语义上溯的原因,因为在意识的语言层面人们无法确定语词与实际客体的关系。

四、逻辑词汇

作为逻辑学家,奎因尤其关注语言逻辑问题,在《语词和对象》中,他论述了语言中的逻辑现象。逻辑问题是传统语义学关注的焦点,与真值条件语义学非常相似,致力于如何通过形式逻辑来构建符合逻辑有效性的语言。一般来说,逻辑有效性在真值条件语义学当中指是否符合现实的语言,如"教皇住在梵蒂冈"这样的经典例句,因为符合现实状况,因此就属于逻辑上正确的句子,具有真值;否则像"法国国王是个秃子",不符合客观现实(法国是共和国),因此在逻辑上被判断为不真实命题,没有真值。

语义学一般区分两种逻辑:命题逻辑和谓词逻辑。"命题逻辑"(propositional logic)是由表达逻辑关系句子或者命题连接词(sentential or propositional connectives)体现,后者指出了一个复合句(compounds)中各个分句之间的逻辑关系,参见下面三句。

a. 尽管小明正确地回答了问题,还是被老师撵了出去。

b. 小明正确地回答了问题,并且被老师撵了出去。

c. 小明要么正确地回答了问题,要么就是被老师撵了出去。

三个句中,分别表达了"让步""并列"和"选择"三种逻辑关系,分别书写成:

a. p 尽管 q

b. p 和 q

c. p 或者 q

相对照,"谓词逻辑"(predicate logic)是比"命题逻辑"内涵更加宽泛的词汇,用来指可以表述句子内部(包括句子之间,如复合句中分句之间)逻辑关系的逻辑系统。谓词逻辑体现出多元性的特点,不能一一罗列,在这里就指一种谓词逻辑现象,参见下面一句:

小明长得像父亲。

"小明"和"父亲"分别是"元"(argument),通过动词连接在一起,因此句子是二元(2-argument)逻辑结构,表达式为:Rxy[R 是谓词部分(predicate),x 和 y 分别代表"元"项,分别代表"小明"和"父亲",依靠 R 建立逻辑关系]。

在奎因的著述中,涉及逻辑问题,奎因主要介绍了算子的使用,展示了如何通过变量值(如 x、y 等)为代表的数理符号(mathematical notations)在语言层面进行逻辑构建和判断。从奎因的自然主义角度,传统的形式化语言表述有很大问题,无法解决语言和客体真实的关系,因此建立新兴的语言逻辑体系就很有必要,至少可以契合其自然化认识论思想。在这个意义上,奎因暗示科学逻辑远比形式逻辑有效,只有契合客体的逻辑表述才是摆脱纯形式化逻辑的手段,帮助人们更好地上溯客观源头。

五、指示词和定语

"指示词"(demonstrative)是传统语法的一个概念,顾名思义指那些具有明确指示功能(referring function)的词,如"指示代词"(demonstrative pronoun),英语中的 this,that,these 和 those 均属于这个语法范畴,主要用来辨认不同的人或物,如英语中 this man,that cup 等。这样的指示代词不仅辨识身份,也能区分数量(单/复数);定语(attributive)同样是传统语法概念,并且指那些能够使描述对象具体化的词汇,如在"水杯"(泛指,是集合的术语)前面加上"圆形"和"红色"两个限定词,使人们能够获得这个日常用品更多的细节,至少可以知道所指对象的形状和颜色。指示词和定语用法也是前面所提到的模糊和歧义的来源,与解决这样的语言失误相关。限定词和定语可以用来解决日常交际中所出现的不确定性,在识读和认知信息的时候减少认知负担,提升认知效率,获得最优化的思想和交际效果。奎因语言学思想中,指示和修饰这样的用法虽然是有效的释义工具,但毕竟是形式化的用法,通过语言可以获得稳定可靠的信息,但不足以完全独立地判断命题,获得正确的客观知识。由此,只有结合自然化认识论的语义上溯才能做到彻彻底底的命题判断,这样做可以让形式化的语法类别有一个明确的客观参照,基于限定或者指示的语言真实程度、判断就有了客观标准,也就是结合语境或者语言行为的可观察标准。

六、关系词

关系词(relative word)也是传统语法的一个概念,用来引导定语从句(attributive clause),一般分为两种:关系代词(relative pronoun)和关系副词(relative adverb),前者在从句中充当主语(subject)、宾语(object)或者表语

(predicative);后者作状语(adverbial)。"关系词"是相对词汇,但是"关系从句"(relative clause)是绝对概念。关系从句虽然是附属从句,但具有句子的形式,在整个语法单位也就是完整的句子中是倒装句(sentence of inverse order),因为语序发生了颠倒。关系从句亦是奎因研究的重点问题,涉及语词的使用以及和对象的关系。和其他词类一样,奎因尝试用逻辑方式理解从句,将其简化成基本公式。如英文中 the pen which I bought 这样的名词加上定语从句形式,which I bought 为定语从句部分,which 代替 the pen,which 是通项词汇(general term),"这样的通项词汇适用于那些可以因为出现在关系代词位置被命名的词汇,可以生成一个真实的句子;因此 'which I bought' 那些 x 客体,也就是 x 我买了,或者,最好理解成我买了 x"(奎因,1960)。从引文中可以看出奎因对关系词以及关系从句的理解,用变量的方式解读了句型的简化意义,同时揭示了后置关系从句(postpositional relative clause)是倒装结构这一本质。

关系词本质上也是一种指示方式,通过镶嵌到从句中的方法与指示对象发生联系。由于语言使用上的问题,关系词会导致一定的指代不清现象,所以为了更好地确定其确切所指,需要大量的语境作为提示,既可以依赖上下文,也可以依靠涉及关系词所针对特定语境的使用。当然,在奎因语言哲学体系中,借助逻辑分析的方式追溯关系词的实际所指为最有效的释义手段;否则,关系词和关系从句只能作形式化描写,而无法与客观所指建立联系。

第三节　命题属性

奎因除了探讨语词和实体的关系,同时也涉猎了命题这一语言学的传统范畴。命题研究是传统语义学的研究范围,和哲学尤其是分析哲学密切相连,因为命题是组织思想和陈述事实的重要手段,可以作为判断真伪的依据,自然构成了哲学认识论的理解范畴。命题基本单位在语言学角度是句子(sentence),这和语言学研究传统相关。这个传统就是形式化的逻辑判断,最早来自古希腊文法(ancient Greek grammar),经过规定语法(prescriptive grammar)的强化,后来被形式化语言学领域所接受,比如结构主义(structralism)以及乔姆斯基的转换生成学派(transformational-generative school)。句段研究的好处是便于进行语法分析,契合诸如传统语法在语言上添加标签的做法,比如"主语""谓语""表语"等。因为语言分析主要落到句子层面,因此传统语言学认为句子是最大的语言单位,或者是最基本的单位,所以传统意义上语法学就等同于句法学(syntax),研究语法就是研究句子。这种做法在美国结构主义语言学和转换生成语法中体现得非常明显,人们很难想象在比句子更大的语段里面进行句法分析(syntactic analysis)或者画树形图(tree diagram),后者更适合作语言使用者或者社会文化动因上的功能分析(functional analysis)。

句子作为分析基石后来被语义学家所采用,早期主要是那些受结构主义影响的语义学派,除了对词义进行分析,如"成分分析"(componential analysis),更多是进行句子分析,分析从来没有溢出到篇章(text)或者话语(discourse)范围。总之,单句一直是语言学所使用和举例的对象,很重要的原因就是操作起来更简洁、更方便。

狭义上的命题,或者语言学意义上的命题等同于句子,这在语义学上尤其突出。"命题"(sentence/proposition)是现代哲学、逻辑学以及语言学的一个术语,是指对一个对象或者事件以及行为的判断,如:

小明是男孩。

作为命题,句子用主语加系词连接表语的方式构成,目的是为了确认一个叫"小明"的人生物学性别分类状况(sex condition as a biological classification)和成熟度(maturity),然后把这一结果作为信息告诉他人(inform others by reminding or reporting to them)。命题可以分成三个部分:哲学上是为了获得知识和真理,如小明在生物学意义上的知识或者真理;逻辑上是为了构建思辨工具,让人们知道小明在生物学意义上的各种身份和表现,并且通过逻辑符号形式化这样的判断,建立各子项(subset)之间的逻辑关系;语言是外在表述,把关于小明的状况通过声音或文字符号表述和传达出来。

最早对命题进行分类的是康德和卡纳普等人,通过哲学描述和研究,他们把命题分成了"分析命题"和"综合命题",或者称为"分析真理/知识"(analytic truth/knowledge)和"综合真理/知识"(synthetic truth/ knowledge)。

前者指完全可以通过命题本身来判断的句子,如"鲸是哺乳动物",其正确性是无条件的,存在于中性语境下(neuter context);而后者是无法通过语言本身来判断的句子,像"昨天捕获的鲸是抹香鲸",是不是抹香鲸无法通过语言本身来确认,需要针对特定语境(specific context)来判断,所以是有条件的。

命题分析是分析哲学所关注的对象,因为可以获得认识论的评判标准。奎因继承了命题决定真理/知识这个传统,但对原有的分类产生了质疑,提出了两个命题的批判思想,下面将进一步论述。不论如何,奎因延续了哲学、逻辑学和语言学三位一体这个思想传统,并且作为自然化认识论的学理依据:通过逻辑和语言分析,有效达到经验哲学这个目的,这也是其与传统形而上哲学的本质不同。

一、分析命题和综合命题

除了语词的用法,奎因所关注的第二个语言学问题就是命题的属性。正像前面所述,命题是通过语言表述和逻辑构建所要达到的认识目的。通过命题,可以确定一个陈述(statement)所要表达的事实,同时了解其是否具有逻辑性,可以用逻辑语言或者符号进行描述,以及分析命题的各个部分之间的关系。更好地理解命题,有助于解密奎因的语言哲学思想,尤其是他对分析命题和综合命题的观点,因此有必要对两个命题进行进一步的了解。奎因所涉及的命题属性就是经常说的分析命题和综合命题的区别,最早提出类似观点的是 17 世纪德国哲学家和数学家莱布尼兹,他区分了"理性真理"(truths of reason)和"事实真理"(truths of fact)。休谟作为苏格兰怀疑论者,区分了"思想关系"(relations of ideas)和"事实物质"(matters of fact),前者等同于"分析命题",后者为"综合命题"。"分析命题"和"综合命题"作为约定俗成的术语遵循了康德和卡纳普等人的分类法,后者借用两个命题来研究意义的哲学内涵。

首先是分析命题,是依赖命题自身的语言结构就可以判断真伪(truthfulness/falsity)的命题,所以是否有效建立在纯逻辑领域内。逻辑概念的导入意味着当判断分析命题时,正像中心词"分析"(analysis)的字面意思所提示的那样,建立在分析基础上。在这个意义上,分析命题当决定命题有效性的时候,用来分析命题本身的各个成分以及它们之间的语言和逻辑关系。分析命题建立在"矛盾性原理"（principle of contradiction）上，在判断时基于相互排斥的逻辑关系（logical relations out of mutual exclusion），也就是要么"是"要么"否"的逻辑判断（yes-or-no/polarity-based logical predication），因此，可以有"鲸是哺乳动物"或者"鲸不是哺乳动物"这样的陈述。分支于分析哲学的传统语义学假定分析命题是先验式的陈述方式（a priori statement），意味着命题属于公理（axiom/postulate）范畴，是论述或者思辨的逻辑起点，在此基础上可以获得一个又一个定理（theorem）或者陈述。所以，如果"鲸是哺乳动物"，那么围绕这个主题可以进行一系列的鲸生物学分类的讨论，直到获得最终的结论。由此可见，与分析命题相关的论证过程是数理逻辑式的，也就是所有与命题相关的部件均是概念或者语言，论证过程是概念式的（conceptually dependent），基于纯心理架构，无须融合关于客观世界或者人们自身以及心灵之外世界的知识以及经验。与分析命题联系密切的就是演绎逻辑，往往从一个分析命题出发，也就是大前提（preliminary/major premise），再加上一个小前提（minor premise），最后获得结论（conclusion），如：

　　a.鲸是哺乳动物（大前提）。

　　b.昨天捕获了一只鲸（小前提）。

　　c.这只鲸是哺乳动物（结论）。

　　演绎逻辑是三段论过程（syllogistic process），可以理解成思辨过程的最简化形式。在上述例子中，三部分之间具有逻辑意义上的包含和因果关系，用数学语言表达：因为 $x,y(y \in x)$，并且因为 $z(z \in y)$，所以 $z \in x$，翻译成日常语言：鲸是哺乳动物集合（set）中的子集（subset），同时昨天捕获的鲸是鲸子集当中的一项（element），因此昨天捕获的鲸也是哺乳动物集合中的一项。

　　分析命题所反映的是在心理和语言领域体现的各种关系，在心理学意义上涉及判断。在语言学意义上与句子和定义相关，前者与特定语言发生联系，如汉语或者英语；后者实现替代功能（fulfilling a function to represent），也就是用词汇代替实体，组成了关于句子意义（meanings of sentences）的陈述。如"鲸是哺乳动物"这个命题，在心理框架内属于关于一个物种的判断，用汉语表达出来的，也可以相当于英语句子：

Whales are mammals.

不论哪种语言词汇表述,"鲸"或者 whales,都有一个共同的外延,通过其他词汇的连接,形成了完整的汉语或者英语句义。

与分析命题相对的是综合命题,顾名思义,"综合命题"就是需要综合(synthesis)的命题,因此不能纯粹建立在逻辑判断上,而需要综合其他的知识或者信息。通俗一点来说,综合命题依赖客观现实判断真伪,因为参照经验性的源头,自然是后验式的陈述方式(a posteriori statement),所以命题是否正确不是永恒的(eternal)和无条件的(unconditional),而是暂时的(temporary)和有条件的(conditional)。由此,命题的判断需要参照特定的语境或者场景进行,如"昨天捕获的鲸是抹香鲸",是否是抹香鲸需要特定的物理场景(physical setting)经验性的判断,比如观察或者解剖。又如"抹香鲸是巨大的哺乳动物",这样的命题也属于综合命题,原因在对"大"(bigness)的判断上,什么叫"大"?多大尺寸才能称之为"大"?这类命题虽然是涵盖性的,但判断是相对的,另外必须提出一些定量标准才能判断。与分析命题不同的是,综合命题不仅需要自身逻辑来判断,还要考虑命题子项和命题对象的实质关系,如"昨天捕获的鲸是抹香鲸"例子中,需要把句中"抹香鲸"(sperm whale)这个词汇与实际场景所指代的对象进行匹配,通过对象的真伪判断命题的真伪。因此,这里就涉及了一个问题,分析命题可以没有外延,但是综合命题必须有外延,否则就像本文举例一样,无法判断。所以综合命题成为哲学的一个很重要的话题,也就是命题必须有所指,或者有实质的行为或者动作参与到命题评判中来,否则叙述只有逻辑判断意义,没有客观所指意义。

与分析命题不同的是,综合命题不是逻辑出发点,只是依据先验式的公理所要推演出的一系列定理(陈述)中的任何一环,比如捕获的鲸是否是抹香鲸首先依赖"抹香鲸是鲸"这个先期判断(隐含在"鲸是哺乳动物"这个判断里),因此有一个"综合的先验"(synthetica priori)判断,构成了分析推演(analytic deduction)过程中的任何一个阶段。

分析和综合命题体现了哲学和科学在分野时候所呈现的先验和后验的梯度关系,哲学偏形而上,科学偏形而下。同样,哲学分为思辨哲学和经验哲学,科学分为理论科学和经验科学。经验哲学追求客观事实和实证,理论科学强调理论体系的构建和简化式的抽象。因此思辨哲学和经验科学是认识的两个极端,前者代表心理性的思维过程,后者是物理性的实践过程。分析命题往前者靠拢,综合命题往后者靠拢。奎因就是后者的践行者,把语言、认识论以及心理过程极端地经验化,因此在综合命题的应用上走向经验主义的极致,如图4所示。

思辨哲学 ────────→ 经验哲学 ────────→ 理论科学 ────────→ 经验科学（奎因）

图4　哲学和科学的分类以及衍生关系

二、两个命题的批判

分析命题和综合命题的区分,反映了人们认识的本质,既有纯心理性的认知过程,也就是在人们心灵世界构建纯逻辑或者思辨体系,这个体系要么是想象的知识,如"龙是爬行动物",要么是客观知识的归纳或者简化,如"鲸是哺乳动物",这样的命题是关于(about)世界的命题,是基于所有鲸个体之间的共性的归纳,作为心理意象、范畴和语言符号形式存在。除了依赖心理过程的命题外,还有指向物理对象的认知过程,所以综合命题是基于物理事件或者现象而进行的心理和语言构建,如"昨天捕获的鲸是抹香鲸",这是和世界联系的命题,本身不能自我存在,而需要匹配物理性的过程才有意义。

分析命题和综合命题是近代逻辑学很重要的内容,尤其伴随着经验哲学和自然科学的出现而强化。近代逻辑奠基人之一,前面提到的弗雷格,以及其他逻辑学家,均涉猎两个命题的问题,尤其分析命题和综合命题的区分,引发了20世纪哲学和逻辑学的争论,其中集大成者就是奎因。奎因意识到了分析命题的致命缺陷,即这种命题不能解决客观问题或者客观中的某一个问题。分析命题作为训练思辨或者逻辑能力很有用,然而一旦遇到实际问题可能无法解释外在的现象,比如"鲸是哺乳动物"这样的命题,用"哺乳动物"套"鲸"无法解释这个物种的一些非哺乳类的行为,比如水生、没有绒毛并且像鱼一样的动作行为等。事实上,鲸作为哺乳动物仍然是有条件的,关于此物种的判断是把鲸放到了生物或者基因分类的范畴,只有在这个范畴才具有分析命题的先验/公理属性。因此用语言表述的分析命题并不完全等同于形式逻辑或者数学那样的思辨体系,后者属于亚里士多德式的模态逻辑(modal logic),是完全自主的心理过程；与之不同的是，前者有客观所指，就像"鲸"这个心理集合，是所有客观世界具体动物抽象出来的结果，仍然有外延或者所指。

综上所述，奎因对两个命题不以为然的原因是，他意识到即使是分析命题也不能脱离客观世界，离不开经验过程，构建完全由分析命题所组成的形式化体系超越了人们的认识能力范围。不论是"鲸是哺乳动物"还是"昨天捕获的鲸是抹香鲸"，都有物理所指，无法构成形而上的价值体系。这样依赖分析命题的认识论方法无法在命题内部进行操作，或多或少地需要向外延伸（extension to the outside world），外延到人们的大脑皮层（cerebral cortex）以外的周围世界；否则仅仅依靠分析命题所构建的"逻辑体系"并不能做到完全逻辑，会碰到例外或不规则的情况。总而言之，分析命题不能够解决命题失效性的问题，那么就不难理解奎因自然化认识论提出的意义，他意识到了分析命题的缺陷。

正像上一节结束部分图 4 所演示的那样，奎因是彻彻底底的经验主义者，其观点可能与分析命题的缺陷相关。同样如上一节所述，后者或多或少地具有经验属性，所以哲学认识论或多或少地依赖经验判断（empirically based predication）。既然分析命题不能够完全解决认识问题，那么就应该交给综合命题这样的陈述形式，至少后者能够参考命题对象所指代的外部世界。不论是分析命题，还是综合命题，都需要上溯。上溯不仅挽救了分析命题的不足，同时也能够证明外延是否存在，通过证伪的方式进行证实，因此，一举两得。自然，在奎因的暗示下，物理性所指成了哲学的最终目的，那么哲学就不再是"概念和思辨哲学"（philosophy of idea and meditation），而是"行动和行为哲学"（philosophy of action and behaviour），或者说把哲学变成了自然科学，只有后者才是专业性的科目，用来连接理论和事实。

奎因对两个命题的批判基于如下三个方面的原因：首先，即使分析命题也不能完全自我建构，不能形成自主的知识体系，而是需要相应客观知识，或者至少能够联想到客观知识。如"鲸是哺乳动物"可以追溯到最早的解剖学知识，以及一系列的真实研究、讨论甚至定性等过程，所以分析命题蕴含着预设知识（presupposed knowledge）。其次，既然基于预设知识，分析命题要还原到经验判断，至少在谈论鲸的时候人们会联想到前期的物化研究和分类过程，也就是可以有意识或者无意识地追溯到那些原始的经验。再次，分析命题，也不是先验的判断，因为"鲸是哺乳动物"作为一个陈述出现在对鲸的研究和解剖之后，是后期的定性和约定俗成的表达，前期有研究、讨论、分类的行为，也有更早期的语言表述，所以分析命题只能算"分析的后验"（analytic a posteriori）。如鲸的例子，"综合的先验"，是基于所有鲸个体之间的共性的归纳，作为心理意象、范畴和语言符号形式存在。除了依赖心理过程的命题外，还有指向物理对象的认知过程，所以综合命题是来源于物理事件或者现象而进行的心理和语言构建，如"昨天捕获的鲸是抹香鲸"，这是和世界联系的命题，本身不能自我存在，而需要匹配物理性的过程才有意义。

三、奎因句式分类

奎因对两个命题的质疑自然源于其对句子属性的理解，认为传统句子分类方法不能解决意义判断问题，需要修正。传统分法是形式化分类（classification by formalized means），按照句子功能如"指示"（功能分类）或者"陈述"（结构分类）来完成。奎因句子分类方法参照其与经验的远近来操作，这样就解决了传统句式分类在意义分析上的缺陷，所以没有必要把命题分成分析和综合两种，因为"经验"并不是分野，不论哪种命题，都是基于"感官经验"的判断。奎因的意义并不是理念意义（idea-based meaning），而是刺激意义（stimulus-based meaning），这就意味着意义不是从形式到形式的关系（relations specified from form to form），而是从刺激到刺激源的关系（relations specified from stimulus to source）。奎因的"刺激意义"观点进一步明确了"意义指称"（semantic referentialism）的心理结构，指出了意义的来源和操作方式，也就是需要上溯。事实上奎因与传统指称观点最大的不同就是把语言形成的关键向外移动，从心理演算机制向外推到了感觉器官，比如视觉。在这一方面，最基本的刺激是感官刺激，"通过我们研究的色彩识别方式实现"（奎因，1960）。奎因的刺激意义是经验性的意义，是参照具体的时间和地点产生的意义，就像"昨天捕获的鲸是抹香鲸"，不仅有其信息结构，更重要的是涉及物理性的联想，后者才是事实判断的依据。因此，在语义学分析过程中，句子的命题结构（propositional structure）是依赖特定时间和地点结合物理性场景的刺激度（immediacy of stimulus），因此语义不是理念（ideation），而是刺激（stimulation）。和刺激源头最近的句子是综合命题归类范畴，而较远的，如"鲸是哺乳动物"

在分析命题选项里,即使是后者,仍然可以追溯到那个原始经验,只不过经验性较低,心理化程度较高,具有高度的约定俗成特征。

刺激意义的观点需要对命题重新分类,在这里奎因没有按照传统方法对句子进行划分,后者要么是形式化的如"单句"(simple sentence)或"复句"(compound sentence),或者功能上的"陈述句"(declarative sentence)或"祈使句"(imperative sentence),当然也包括分析哲学逻辑上的"分析句"和"综合句"。奎因分类标准只有一个,就是"刺激"。刺激有程度问题,那么据此就可以重新划分句子类型,因此奎因把句子首先分成两种:"场合句"(occasional sentence)和"非场合句"(standing sentence),前者和刺激源较近,后者相对较远。在各自类别里,同样根据远近作进一步的划分,见表1。

表1 奎因句式分类

场合句		非场合句	
观察句	这是一条鲸	恒久句	昨天捕获的鲸是抹香鲸
非观察句	捕获的鲸是抹香鲸	非恒久句	捕获的鲸已经死亡

"刺激"是奎因心理主义范畴内的核心词汇,指出了意义在命题本身角度的最原始来源。没有感觉器官如视觉的激发和参与,就不可能有意义、有语言。当然刺激必须有刺激来源,就是需要上溯的客体,这是奎因物理主义研究范畴。不论是刺激的心理性,还是刺激源的物理性,两者缺一不可,在自然主义框架下解读了哲学、科学和语言互相依赖的关系。

第四节 语言知识的来源

综上所述,已经了解了奎因对语义学的基本观点,在于否定两个命题的基本假设上。奎因的句式分类,摆脱了传统形式化方法的束缚和功能性方法的羁绊,也就是不再把思维内部的解读作为参考依据,而是转向经验世界,去追溯那个命题所指向的本源。不论什么样的句子,都是或多或少指向那个最原始的实在客体,因此语言知识必然有一个客观所指,后者作为语言命题的判断依据。客观所指无法通过心理演算得来,毕竟演算需要主观头脑的加工,具有主观性。奎因暗示这种所指只能跳出心理演算范畴,从感觉器官开始回溯。原因很简单,毕竟感觉器官是接受外部信号(external signals)的第一道关卡,被修改的量相对较低,更多的是生物性的,如人们对颜色的感知,就是一种视觉对色度的解读和判断。就演化角度而言,是适应环境的结果,为了提升感知能力,伴随着生物复杂性的提高,发展出了高级的彩色感光能力(chromatic ir-radiation)。基于此,奎因的句式分类暗示着语言知识应该从感觉器官开始回溯,会得到更加准确的物理数据,反过来才能够获得更加准确的语言知识和认识论判断。这也是奎因用"刺激意义"代替"心理意义"的原因,后者属于心理结构,已经与感觉接受的数据(perceptive data)有了一定的隔阂;而只有刺激意义是物理数据,如"颜色"或者"鲸",直接反射到视网膜(retina),能够在感官比如视觉上形成直接意象(image as a result of immediate impact)。① 事实上,"刺激意义"等同于"刺激数据"(stimulus data),后者的影像是如此之根深蒂固,即使人们在构建如"鲸是哺乳动物"这样的分析命题时候,在脑海中仍然会想到那个感知场景,如大海、沙滩、搁浅、解剖、分类等,所以奎因暗示分析命题不仅可以回溯那些原始的经验,同样人们也会不自觉地联想到那些经验,这些都是奎因按照刺激程度给句式重新划分的理由。

　　历史上,对于语言知识的不同理解分为"内在论"(nativism)和"行为论"(behaviourism),前者以乔姆斯基为代表,后者体现为美国行为主义主要观点。内在论在哲学上认为语言知识可以理解为语言是先验的,人"生而知之"(born to have),这种观点显然来自柏拉图的"理念"或者"形式"学说。而解读成生物学观点就是语言是生物禀赋(biological endowment),是类似于基因的内在结构,通过遗传密码进行驱动(genetically activated and driven),生物学的解读也就是乔姆斯基的语言观点,体现在其"生物主义"(biologism)学说中。

----

① 想象一下,人们走到室外,看到一棵树,然后闭眼,树以及周围场景会在视网膜中形成清晰的影像。

语言行为主义是针对天赋观点而言的,代表人物有斯金纳(Burrhus Frederic Skinner)等人,认为语言知识是后验的,需要特定的场合和刺激才能形成(born to acquire)。行为主义观点是伴随着现代实验心理学的出现,以及对人脑和意识重的新解读而产生,用来否定亚里士多德的古典心理学。后者认为人们的心理过程是有严格层次的逻辑思考结构,可以类型化(typicalization)。现代心理学受现代科学影响较大,能够接受例外和不规则性对研究方法的影响。对于语言行为主义而言,语言的产生是人们大脑被动和随机对外部世界反应的结果,因此刺激非常重要。语言形成不在于人们脑海中有什么样的先验知识,而是接受什么样的后天刺激,这可以根据在什么样的语言环境下人们就会掌握什么样的语言来证明;反过来说,没有刺激输入,就没有恰当的语言习得,自然也不会有相应的语言输出。

奎因显然接受了后者的观点,在语言习得和使用上,与乔姆斯基语言观有着很大的区别,后面会详细论述。如果说美国行为主义是温和的刺激观点,那么奎因则是激进的行为主义者(radical behaviourist),他不仅接受了刺激理论,而且提出了刺激的原理和操作方式,同时强调刺激需要上溯,根据上溯寻找那些刺激源。总之,与传统美国行为主义不同的是,奎因不仅凸显刺激的重要性,更进一步强调从刺激回头寻找物理本源,往前直达理论,用正确的命题来传达理论。

一、语言经验论

奎因行为主义语言观点首先建立在"语言经验"学说理念上,来源于哲学经验主义思维。经验主义,是指在判断知识和真理的时候,以人类的基本经验(primitive experience)为参照,因此是现代科学和经验哲学所推崇的研究方法。在科学角度,通过观察实验获得数据,发现规律,归纳定理;在哲学角度,在经验的基础上获得认识,得到关于世界的最基本判断,达到认识论所要求的目的。经验方法发生在自然主义框架内,一切以超越人们自身和心灵的客观世界为评判标准,因此,在研究过程中,应该通过人们自身或者心灵与客体互动方式(the interaction between body/soul and object)获得后者的知识和理论;而通过纯心理构建方式,依赖逻辑或者数学推导不能帮助人们看到世界的原貌。主客观互动的基本方法就是观察和实验,这是获得恰当刺激的最有效途径,能够还原事物的原貌。这就是奎因极力推崇经验主义方法和行为主义的根本原因。

语言经验观点就是套用实证科学研究方法,把观察和实验作为语言研究的根本性方法。观察对象是行为,尤其是语言使用者和其语言行为。观察的目的是对语言行为进行精确描写,归纳出行为的规律和使用者的动机与含义。这种方式在语用学研究中经常被采纳,用来描写真实的语言动机;实验的对象是语言一些科学性的规律,通过问卷(questionnaires)或者录音(field recordings)的方式获得语言结构以及意义的共同规律,用来总结语言各种各样的规则,这种方法适用于实证语言学或者社会语言学研究。实验方法显然受实证科学影响,最先采用的是美国结构主义语言学派,他们用录音和数据搜集(data collection)方式研究语言结构,并且进行归类。

奎因刺激意义分析方法同样归类于经验主义方法的研究范畴。首先,把刺激作为研究对象,强调其客观源头;其次,把语言行为观察放到了语言研究的首要地位,因为行为才是刺激的等价物。但是奎因研究方法与结构主义有很大的不同,后者实验对象是语言本身,而前者是语言所反映的客观信息。虽然美国结构主义与美国行为主义的共同点都是强调刺激产生意义,但本质上其方法仍然是形式化的,更像化学;而奎因的研究方法是心理学的,在这个意义上,语言行为是有机过程,可以作用到人们的感官和心理领域,是实实在在的物理事件(physical events),可以观察和感知到。基于刺激的句型分类,不再像结构主义那样对语言本身作形式化的描写,也不再推崇"描写语法"(descriptive grammar),反过来研究刺激所关联的心理结构的变化,推崇"刺激语法"(stimulus grammar)。总之,奎因的语言经验主义把这个观点推向了极致,不仅要观察行为,还要描写行为所关联的客观过程,最后把这些经验性的元素落实到语言分析上,使语言不仅成为分析对象,同时也是分析工具,并最终指向认识的终极判断。

二、语言行为主义

通过上一小节叙述,很自然地推导出这样的假设:奎因语言观是行为主义的。行为主义语言观,是科学思维的语言观(science-based view about language),所依据的是现代心理科学理论和研究方法,后者研究语言所关注的对象不是内在的形式(internal forms),而是外在的行为(external behaviours)。行为观意味着当人们研究语言的时候,应该把视角从语言自身结构转到使用者的语言行为,后者是可观察实验的对象(behaviours externally observable and experimentable),可以用自然科学方法研究和阐释。语言行为主义意味着语言不仅是公共的(public),更是个体的(private)。个体语言差异(idiosyncratic differences)能够代替抽象内在的语言(abstract linguistic system underlying linguistic behaviours)成为实证的研究对象,这就意味着科学方法能够解决的是在特定时空维度上的具体言语行为,而对于那些理想化的语言形式则需要更复杂的脑科学(brain science)研究方法深入大脑深处进行研究,后者没有前者更直接、更易于操作。

"行为主义"是心理学一个很重要的理论体系,也是奎因心理学科学化的核心词汇,目的就是反对"心灵主义"(mentalism)。奎因之所以推崇这个概念,是因为语言是伴随生命的过程,是对外界刺激不断反应而产生的结果。较早持有行为主义观点的是美国语言学家布隆菲尔德(Leonard Bloomfield),他把实验方法引入语言学研究中,提出了"刺激"的概念,解决了语言"正确性"(correctness)的标准问题。后期通过斯金纳等人的发展,形成了系统的行为主义语言学理论。可以这样说,奎因是美国行为主义的进一步继承者,研究的对象是意义。在意义解读上,奎因不赞成意义实体性(semantic realism)这个观点,因为后者只是载体,是物理性上溯的依据,不能作为终点来对待。奎因认为在探讨意义的时候,最好用"有意义"(to mean)和"同义"(to mean the same)这样的词汇。这种做法是基于语言的哲学行动,是奎因行为主义所坚持的用"实践"代替"理念"的本体性承诺;或者说奎因所理解的语言行为是一种生活性的活动,"意义"是语言自身的属性,只有"有意义"或者"同义"才是语言所要实现的哲学目的。这个哲学目的就是命题判断,所依据的是特定时间地点人们所接受的外部刺激,刺激产生意义,意义可以相互替换形成不同的语言行为,通过语言行为可以推导出一个命题离原始经验的远近,对后者作出梯度性的判断,对认识进行负责任的承诺。因此,在奎因看来,意义既然不是实体,那就是由不同单位所构成的整体。因此他推崇的"意义整体论"(semantic holism)等同于整个科学,建立在对所有语言行为观察和实验的基础上。

三、指称模糊性

从语言经验主义和行为主义这两个范畴推导,奎因系统地解释了语言知识发生的实际过程,阐述了意义的本质。就意义整体性而言,其无法成为实体,奎因认为,其中一个重要的原因,就是"指称模糊性"。指称模糊性是指词汇和客体之间的不确定的指称关系(indefinite reference),不确定关系既可以指一个语词可以指多个对象,如"鲸"可以指"不同的鲸",也就是针对不同时空场景的个体,甚至包括那些内部品种的差异性,如"抹香鲸"对"逆戟鲸"(killer whale);也可以指一个语词由于在判断上的不确定性无法确认其具体所指。在后者意义上,奎因所理解的不确定即指称模糊性。如此语言问题并不是语言本身的问题,而是所指对象的问题。后者是绝对的,而接受的刺激在没有特定条件约束下只会按照人们的认知习惯进行,也会根据客观实际进行修改。最典型的例子就是奎因经常举的"丛林语言学家"实证研究的例子,假如语言学家到一个部落去研究他们的语言,首先要做的就是学习当地的语言。当然,最简单的方法就是结合语境和对象来学习。比如,恰巧附近跑过去一只兔子,当地土著人(tribal aboriginal)指向这只动物,然后发出了类似于 gavagai 的声音,按照日常经验,可以把 gavagai① 等同于 rabbit②,丛林语言学家也会这样作判断。但问题是,无法确定土著词汇和英语词汇是完全相等的(to mean the same in all respects),也就是绝对同义词。奎因提出的疑问是:土著词汇指的是完整的兔子(the whole rabbit),还是兔子的一个部分(the rabbit part),兼或兔子的一个阶段(the rabbit stage)? 这样,对于丛林语言学家而言,土著语习得就会产生很多实操问题。要解决这个问题,光靠传统的"词对词"(word to word)的翻译(跨语言词汇匹配)完全不够用,需要更多的技术手段,比如结合特定的物理场景和语用线索来释义,像土著人手里抓着兔子然后指着其后腿说 gavagai,显然指的是后腿。这种方式在语言学中称为"话语指示"(discourse deixis),一种借助语言外指的言语行为,涉及交际对方的动作行为和本

---

① 奎因假设丛林居民关于兔子的词汇。
② 汉语"兔子"对应的英语词汇。

方的视觉感知判断。

物理性场景的参与，与社会文化场景一起，是心理意义的行为追溯，借此可以把所有相关证据串联成提示链条(chain of hint)，或者在它们之间进行取舍，获得较准确的语词和实体的关系，从而获得正确的命名。根据 gavagai 例子，语言学家尝试把这个语符(linguistic sign)和即时观察到的(currently observed)对象联系到一起，但确定这种关系就需要更多的类似于外指的感官线索。后者越多，确定性越强。然后，语言学家需要学习土著语当中关于"肯定"(affirmation)和"否定"(negation)的词汇，获得当地人对自身判断的确认。这里，一般有两种方法：要么通过实验的方式，比如反复地把词汇和词汇对象联系到一起，或者说每当兔子跑过，土著人都会重复一个词汇；要么用估推法。后者虽然简便省力，但没有实验法精确可靠。估推法属于逻辑推理范畴。实验法是自然科学范畴。显然奎因认为科学方法更可靠，能够获得准确的判断依据。当然，这些完成后，奎因认为还有最后一步，也就是丛林语言学家把土著词汇翻译成自己的语言，比如英语。

四、翻译不确定性

根据语言学家在丛林学习的最后一步，需要处理翻译问题。前一个步骤是不确定的，自然此步骤也是不确定的，这种不确定性就是奎因语言观点中的"翻译不确定性"。翻译不确定性，有两层含义，体现在丛林语言学家习得过程的两个阶段。首先是土著词汇到底指兔子的哪一个方面，也就是无法把词汇和对象精确完整地匹配。在这里，翻译特指"匹配过程"(correlation process)。其次就是应用到最后一步，语言学家把土著语言翻译到自己母语中，这是"翻译"的本义，指语言和语言之间转换的不确定性。无论是哪种理解，都蕴含在不确定性中；或者说二者并存于奎因语言和客体不确定关系中。

翻译不确定性来源于奎因语言体系下语言、感知和理论三者的关系，意味着不同的刺激会带来不同的语言形态，从而构建不同的理论内涵。翻译不确定性等同于刺激的不确定性，因为人们针对刺激条件产生了不同的语言释义，自然有着不同的命题结构和句子意义。所以，命题应该参照这些刺激变量，获得针对变量的准确表述。其中一种情况就是不同的人有着相同的语言行为，但是针对不同的刺激场景会有不同的刺激意义。就像"鲸是哺乳动物"，甲坐船在海上观赏动物(whale watch on the boat)，他会把这句话解读成和鲸相关的哺乳动物行为，也就是和哺乳动物相反的行为方式，比如潜泳和从水中突然跃出，或者喷水；当然如果看到母鲸和幼崽(calf)一起戏水，又会联想到典型的哺乳动物特征，比如胎生(viviparous)和对幼崽在成年前的照顾。乙如果在海岸上看到搁浅的鲸，对如上分析句的解读会是：因为鲸是哺乳动物，所以依赖肺部呼吸，长期离开水就会死亡。显然，根据这两种情况，即使是分析命题，其意义也要参照具体物理场景所激发的刺激，句子形式相同，但是其推理出来的意义是不同的。

在具体的语言实践中，会针对同一个分析命题产生不同的语言表述，从一个表述到另一表述就是翻译问题。翻译的不确定性意味着人们在遣词造句的时候要参照每一个表述对应的语境，应该根据后者进行意义和意义之间的转换。翻译不确定性就意味着语言是不同命题所组成的系统，随着言语行为(verbal behaviours)所体现的个体特性相应转换，这就意味着个体之间并不兼容，而是排斥和矛盾的。"就是这样一种说法：从一种语言到另一种语言的翻译手册是多种多样的，它们与话语个性的总体性兼容，然而相互并不兼容。"（奎因，1960）

奎因的翻译观点并不是指日常意义上的语言转换过程，如翻译者为了商业目的口头或者书面(orally or in written form)把一种语言转换成另外一种语言，而是一种"极端翻译"(radical translation)的观点。"极端"有"追根溯源"的意思，与日常翻译的"形式转换（语符到语符）"不同，需要上溯到语符所延展的对象，也就是丛林语言学家所做的事情，即首先要确定对方语言词汇的真实所指，在掌握了这些词汇外延之后才能够进行语言和语言之间的正确转换。

第四章 奎因语言学与其他流派的关系

　　奎因的贡献在于对语言学传统的颠覆,对这个领域的修正创新。不论是刺激丰富论,还是语义上溯,都在践行其本体承诺,用最自然的方法解决语言习得问题,提出了新的语义原则(principles of semantics)来指导意义研究。所有这一切都在其自然化认识论框架内,把自然主义作为圭臬来上溯或还原语义最真实的物理源头。事实上,奎因语义学观点是语言自然主义思想的极致,通过刺激还原以及行为主义研究,把语言以及认识有效地和经验科学联系到一起,很好地解释了人们日常语言使用过程中出现的歧义以及模糊问题,这些问题在奎因语义学框架内可以寻找到答案。从某种意义上来说,奎因语言学思想,在其哲学思想辅助下,不仅是很好的解释体系(explanatory system),更是有效的实验场所(experimental lab),尤其后者,反映了奎因思想体系的内涵和特色。在这个意义上,奎因不仅构建了"刺激意义语义学"(stimulus semantics),重新解释了"行为主义语义学"(behavioural semantics),并且进一步提出了如何践行意义的方法,即在哲学自然化认识论的框架内重新理解语言知识的来源,以及语言习得的生成机制。总之,在语言学研究体系内,奎因不仅是个理论家,也是个践行者。至少在方法上,他提出了"语义上溯"这个简易操作,为语义学批判以及命题检验提供了良好的示范。

　　在理解奎因语义学思想独特性的同时,应该意识到其理论和方法并不是独立存在的,不论从源头、研究过程还是所依据的学理基础,或多或少和现有语言学观点发生联系。这就说明奎因的思想是基于现有思想的创新,而非从无到有的发明。其体系与很多现有的语言学观点并不是非此即彼、泾渭分明的两极,相反,是纠缠不清、你中有我的兼容体。这就意味着在奎因语言学体系内部会看到很多其他学派的观点。可能的原因:首先,不论是奎因还是其他语言学派,都有共同的继承。先不说古希腊体系,和奎因思想密切关联的就是传统语义学派,大部分承袭的是分析哲学传统,奎因在源头上也属于这个流派。其次,不论是奎因,还是其他语言学派,其研究动因一致。在宏观的哲学范畴和微观的语言学范畴内,双方目的相同,均尝试描写语言的本质和使用,以期获得关于语言的最终认识方式,也就是语言认识论,因此自然会迈向相同的终点。最后,研究方法上的相似性,不论是哪个学派,必然在哲学或者科学架构内展开专业研究,因此分享共同的研究方法,再加上阐释、分析、举例,通过相同的方法各自体系内部自然会出现大同小异的内容,辅助共同的专业术语,会更加容易看到相似的内容。

　　鉴于此,为了更好地理解奎因语言学思想,本章采用镜像研究法(mirror research),从主流的语言学观点来侧面印证奎因语言学理论体系。通过比较的方式,找出奎因与其他流派的相同传承,同时看出不同。研究目的有两个:首先,尝试从不同视角理解奎因语言学观点,发现一些规律性的东西,也找出各个体系不能兼容的部分;其次,也是本书所要实现的研究目的,就是建立语言学共性思想。在这个意义上,假设语言学不同观点就像六边形各个面一样(sides of hexagon),都是从不同视角对语言体系的不同理解。这些观点,尽管角度不同,但反映的都是语言学观念中不同的本质问题。由此,通过共性研究,建立一个兼容的语言学体系和方法论,能够解释不同语言学理论。

第一节　与语义学的关系

　　作为逻辑学家,正像反复强调的那样,奎因是从分析哲学领域开始其职业生涯的。分析哲学,是哲学的一次重要转向,是对"本体/哲学器官转向"(ontological/mental turn)①进一步的强化和补充。分析哲学开始转向语言学问题,其中很重要的一点原因是意识到了后者在前者中的作用和地位。哲学和

① 仿英语 linguistic turn。

语言的关系前面已经讨论过,这里无须赘述。但是有一点是肯定的,语言作为遣词达意的手段,与人们的思维和认识密切相连。即使不能够准确地翻译人们头脑中的原意,但作为退而求其次的手段(a compromising solution),是解开人们脑海中所思所想的唯一办法。所以,探讨人类认识及真理判断甚至知识积累,只能参照语言这个工具。可以这样说,哲学或者任何学科,都离不开语言这个表述媒介,因此是"语言作为媒介的哲学和学科"(linguistically mediated philosophy and other subjects)。作为学科中的学科,或者超学科,哲学自然更需要语言或者关注语言,二者在元认知层面(meta-cognitive layer)是等价或者相通的,都反映了人类最基本的认识。在这个领域,哲学是目的,语言是表述。这就解释了为何从人类有哲学思维开始,就伴随着对语言的理解,不论是西方哲学还是中国哲学皆通此理;也不论是柏拉图式的先验哲学,还是亚里士多德的理性哲学,甚至培根的经验哲学,都涉及语言问题。伴随着经验主义的兴起,尤其分析哲学中的逻辑实证主义,更把这些问题放到了重要的地位。分析哲学被称作"语言学转向",很大原因并不是意识到了哲学的问题,而是看到了语言被忽视的问题,这个问题就是命题意义与哲学认识的相关性。以前的认识论只关心断言,而没有注意到断言的外在形式以及其和断言的必要因果关系。所以,解决断言中的表述缺陷可以避免逻辑的错误表达,避免交际中的歧义和误解。

总的来说,语义学碰巧与哲学中的认识论相契合。后者是对知识或者真理的肯定与否定,需要语言陈述,尤其是陈述句的使用。陈述隐含述题意义,自然正确的编码会被有效地解码。语义学家关注述题的正确结构,这使正确地理解一个断句的内涵有了形式依据,自然也会给认识论的研究方法提供依据。作为语义学家,奎因关注语义问题,首先是接受了分析哲学的观点,认为语言承载的断言是认识论的唯一依据。不论是分析命题,还是综合命题,都是断言形式,深入人们心理机制透露出日常人类思考的本质特征。尽管奎因对两个命题的方式进行了批判,但确定了任何一种命题能够传递关于客体的信息,进行有效交际的功能。因此,可以归纳奎因与语义学的关系:首先,承认命题的信息属性;其次,命题是知识或者真理的判断依据;最后,命题是认识论所要达到目的的关键。

一、逻辑问题

逻辑问题渗透到了奎因哲学和语言研究的各个方面。逻辑学是语言学重要的相关学科,伴随着现代逻辑学的产生深入到语言信息处理(information processing)、语言演算(linguistic algorithm)、人工智能(artificial intelligence)等领域中。语言学中的逻辑问题是模拟形式逻辑而来,致力于把语言结构简化成逻辑结构,从而理解人们在日常思维中如何运用逻辑方式进行思想和交际。在具体应用中,在表达逻辑关系时,要么用语言陈述的方式,要么以简化成符号(notations)、逻辑连接词(logical connectives)以及逻辑算子(operators)结合的方式表达这种关系。总之,语言学中的逻辑研究和实践等同于把语言简化成纯形式逻辑,充分地展示人类在思想过程中的理性能力。

语言学借鉴了很多数学和逻辑内容,在这一点上显然深受罗素影响。借鉴范围大体分成几个方面:首先是术语,如"集合"等,像"鲸是哺乳动物"中"鲸"和"哺乳动物"均是;其次是推理和断句的逻辑分析,这一部分即为如何基于断句理解不同句子之间的逻辑关系,比如通过"鲸是哺乳动物"来推导出"动物其中一种是哺乳类"这个预设(presupposition);再次是语言逻辑涵盖语言逻辑分类,一般把语言逻辑划分为"命题逻辑"和"谓词逻辑";最后是模态逻辑,建构"可能世界"(possible world)之间的关系。

逻辑问题主要涉及意义,所以归到语义学研究范畴,大体称为"形式语义学"(formal semantics),如真值条件语义学就是其中的一种。形式语义学走形式化研究路线,与后期发展出来的基于社会文化意义的语义学有显著差别,后者可以笼统地称为"功能语义学"(functional semantics)。两种语义学研究奎因都有涉及,前者即为分析哲学的逻辑实证主义传统,把语言意义简化成逻辑关系。对于语言逻辑的探讨,在《语词和对象》这部鸿篇巨制中,奎因分章节系统地作了阐述。该著作为其自然化认识论和本体相对论的宣言,开篇有"致卡纳普"字样,说明是对旧的分析命题和综合命题划分的挑战。所涉及的逻辑问题主要在第二章,有关于诸如"逻辑连接词"和"分析假设"(analytic hypotheses)的研究。另外,在著作《本体相对性以及其他文章》中,有关于"悖论"(paradox)、"现代逻辑应用"(the application of modern logic)、"必要真理"(necessary truth)、"量词"(quantifier)、"命题函数"(propositional calculus)、

"变量"(variable)、"代数逻辑"(algebraic logic)和"谓词函数"(predicate func-tors)这些语言相关逻辑概念的研究。在形式逻辑这一领域,奎因延续的是语言学研究的逻辑传统,如果仅到此,他与分析哲学中的那些先行者如罗素和卡纳普等没有区别;区别就在于奎因的语言逻辑研究目的是打破形式化传统,使其不仅能够反映心理的内在架构,同时也能够外指物理世界的各种关系。事实上,奎因语言逻辑研究指向其所能筑巢的有机体,也就是和语言逻辑相关使用者的大脑和行为,这才是逻辑本质内涵:逻辑不仅是自主形式化系统,更是依赖实体的行为方式。所以,追溯"逻辑行为"(behavioural logic)才是奎因语义学研究的本质目的,体现出他与传统亚里士多德和分析学派语义学的不同之处。

二、真值条件语义学

"真值条件语义学",正像"语义学"这个词汇前面的修饰语一样,为语义学传统流派或者方法,通过把意义看成或者简化成"真值条件"(truth condi-tions)方式理解语言问题。这里,人们通常理解的是自然语言(natural language)的意义,以区分那些人工语言(artificial language)如世界语(Esperanto)或者计算机语言(computer language)等,其中一个区别就是约定俗成性(con-vention),如英语/汉语与世界语的区别。真值条件语义学最早与塔斯基(A. Taski)理论有关,涉及给定命题的逻辑判断问题,因此应把分析哲学意义观点作为源流,有很大的相关性。前者在解释意义上只不过更加专业,更加逻辑化。比如,当解释"鲸是哺乳动物"这样的命题时,可以让其转换为数理语言的描写方式:

如果并且只有鲸是哺乳动物的时候鲸才是哺乳动物。

根据上述例句,"鲸是哺乳动物"的意义就在于鲸是哺乳动物。因此可以看出,真值条件语义学更适用于解决分析命题的意义,因其构建的是内在纯形式化的演算体系,在所有"必要条件"(necessary conditions)下,所处理的是"必要真理",所以与分析哲学中的分析命题相同的是,当人们解决意义这样的问题时,必然掉进"意义循环"(circular meaning)的陷阱。真值条件语义学建立在条件与结果这样的因果关系链上,就像做数学题一样,有一个严密的"因为……,所以……"这样的步骤。在心理演算过程中,形式化的描写首先要满足所有的必要条件,然后再作必要的判断。就如判断"鲸是哺乳动物",其意义有效性建立于首先在特定时间和地点有鲸这样的动物,一旦条件满足,就可以得出"鲸是哺乳动物"这样的结论。

　　奎因语义学与真值条件语义学有很大的关联,尽管作为一个术语,"真值条件语义学"出现较晚,但两者的联系与分析命题有关。在这个意义上,奎因也关注意义的逻辑化步骤,用数理思维解决意义,并且有系统的逻辑符号和描写阐述意义。这就说明,奎因同样继承了意义形式化的解读方法,把意义看作纯心理过程,可以书写成从符号到符号的形式过程。与之不同的是,奎因在心理描写基础上添加了物理还原这个部分。语义学中物理主义的目的是解决意义循环论的问题,也就是用词汇"鲸"解释"哺乳动物";或者反过来,明确语言和实际客观世界的关系。这就是奎因在语义学上的突破,意味着"真值"或者"真理"不是研究的主要对象;主要对象应该是在自然框架下什么样的因素决定自然语言的意义,像语言行为或者社会文化语境这些因素对意义有着很大的影响,毕竟后者才是解读人类语言意义的关键。

第二节　与社会语言学和语用学的关系

　　根据上一节探讨内容,可知奎因语言学观点与传统意义观点的不同之处在于其经验主义和行为主义的元素,也就是把哲学作为有机学科(organic sub-ject)来对待,因此其语言学观点蕴含在其自然化认识论里面,后者进一步归类于"奎因自然主义思想"。既然语言是有机行为,那么奎因的自然主义被称为"合作自然主义"(cooperative naturalism),狭义上指有机体(语言使用者)所处的社会文化交际场合,在这里指运用自然语言所产生的一切交际互动行为;广义上指语词在自然语境下所上溯的本体,也就是"丛林语言学家"在部落环境中所经历的一切。前者被定义成"行为主义",建立的是人和人之间的关系;后者即为"经验主义",构建人和客体的关系。人和自然的关系是狭义上的自然主义,在这里"自然"一词是科学和哲学所指代的一切客观存在,从微观世界(microcosm)开始一直到大尺度宇宙空间(large-dimensional space),因此是自然主义最宽泛的定义,也是奎因自然化认识论所追求的终极认识目的。而"行为主义"所指向的对象是自然主义所引申出来的时空位置,特指与人和社会有关的交际场所(communicative venue),最重要的特征是由生命体(狭义上的"人")所组成的社团或者社会,统称为"社会文化语境"(socio-cultural context)。社会文化语境最大的特征体现在人与人之间的交际行为,也就是合作自然主义强调的内容。"合作"是有机的,需要人的参与才能有效。换一种角度,也可以把社会文化语境理解成广义自然的一个部分,只不过是比较特殊的自然而已,但分享无机世界和自然存在核心特征:有着内在的结构、有持续变化或者演化过程、更重要的是可以被人们所观察到。社会场景和自然的关系恰恰是自然科学方法可以应用到人文社会领域的例子,因为前者可以简化成物理过程,被后者描述。那么,为了讨论上的方便,社会文化语境可以理解成一种特殊的自然主义,可以称之为"社会自然主义"。后者和纯自然环境下的自然主义一样,都是经验过程,只不过更多体现在有机体行为参与上。

社会文化语境有一个重要的参与者,那就是语言,是行为主义很重要的参数。奎因用来证明自然化认识论观点时自然就要考虑语言这个参数,这也间接地反映了其为何对语言学问题如此感兴趣的原因。所以和行为主义相关的语言学问题是奎因整个思想体系中一个重要的组成部分,可以很好地体现出合作自然主义的方方面面;与其相对应的是哲学研究部分,也就是"自然化认识论"这个广义上(包括语言研究)的哲学标签,这个标签基于"经验主义"这个术语。因此,"行为主义"和"经验主义"都是奎因"自然主义"的内在组成部分,它们之间有一个先后顺序,从目的论(teleology)角度来说,经验主义所代表的自然化认识论是哲学最终目的,因为体现了最广义的自然主义观念,在其发展过程中自然包含了语言行为所代表的社会文化所体现的小自然。然而在习得(研究)顺序上,奎因必然首先遇到的是语言和行为问题,通过二者的解读,才能够了解人们所意识到的更广阔的自然世界。因此,从语言学角度来看,语言行为主义才是奎因哲学的理论基础,他当然认为只要解决好了语言行为这个问题,才能够达到认识论这个最终目的。所以,从习得顺序来说,"行为主义"在前,是"经验主义"的一个部分并且是解决其问题的关键。

由此看出,奎因语言学观点是与所有那些与"形式化语义学"相对的理论体系,与所有社会文化语言学观点发生联系。在涉及语言行为研究上,与之对应的观点主要是社会语言学和语用学理论,后者与奎因的心理主义相关,后面将详细探讨。

一、语境

第一个与奎因语言行为主义相关的问题是"语境"问题,用来与所有形式语言学的方方面面加以区别。最早提出"语境"概念的是马里诺夫斯基(B. Malinowski),他是波兰籍人类语言学家(anthropological linguist),是较早提出人类语言使用与周围环境相关的语言学者。"语境",顾名思义,就是语言使用的环境,指那些所有可以帮助理解语言含义的单一或者系列线索(single or synergistic clues)。注意,在这里用的是"语言含义",是为了和"字面意义"(literal meaning)加以区分,前者是指那些无法通过语言自身逻辑来判断的意义,必须参照语境线索。比如,在教学语境下(context of teaching situation),上课时间已到,教师正在授课,这时一名学生走进了教室。看到这个学生,教师用戏谑的口吻说"你来得真早",显然这句话不能通过句子本身来理解,而需要参照当前的环境推导其言外之意。语境线索既可以在上下文里,也可以在外部环境里,因此在后者意义上理解的语言意义更多的是交际场合的意义,体现在日常语言上面,对应的是那些脱离语境的理想化语言。狭义上,语境主要指外部环境,因为这种语境更典型,更能体现日常交际的特点,使后者很自然地与抽象语言区分开来。如果语境指语言所依赖的外部环境。人们通常称之为"社会文化语境"(socio-cultural context),一般分为两种:一种是按照字面理解就是指大尺度语言社团(large-scale speech community)分享的所有知识、习俗、典故等,具有社团内部的分享性质,这就像即使一位来自其他国家的人懂汉语,但是听两个国人在讲一个和文化相关的笑话时他/她并不知道笑点在哪儿的原因;另一种是包含在大语境下面的小语境(local context),也就是特定的环境所产生的语言线索,就像课堂环境教师挖苦学生使用的句子所展示的那样。社会文化语境是社会语言学(sociolinguistics)所依赖的语境,把语言作为最大边界来理解社团和跨社团的语言含义;小语境和语用学相关,在特定场景里面理解语言内部或者跨语言的交际。

奎因自然化指称不确定性观点以及对两个命题的批判都指向语言外部环

境,目的是反对形式化导致的语言绝对抽象方法。因此,奎因语言学理论偏向外部刺激主导的社会或者语用学派,至少"上溯"的方法就是确定以语境为本进行研究的很好例证。语境和奎因语言学理论的关系:首先,其语境观点,是广义上的"语境"概念,从语用学的小语境到社会语言学的社会文化语境,再到哲学认识论上的本体还原,达到了最大的语境边界。所以,从最大边界而言,奎因的"自然语境"(natural context),往下分别包含了"社会文化语境",意味着"语言行为";还有"语用学语境"(言语行为)。奎因的语境观意味着当人们解读语言时达到了其所能延展的边界,这个边界就是哲学认识论。其次,语境观念与奎因否定分析命题的做法相契合,这就意味着任何命题都要参照一定还原的客观知识,这些知识的远近(near or far)直接决定了命题是哪一种。无论是"鲸是哺乳动物"还是"昨天捕获的鲸是抹香鲸",都依赖人、客观环境和条件(如解剖或者实验)所参与的客观环境,如果是人为的,就是社会文化/小语境;如果是自然的,就是自然语境,如丛林语言学家所遇到的自然环境。最后,奎因所处理的语言自然不是理想化的语言,而是可观察的语言,体现在观察句上,同理观察也是个梯度问题。可观察性与社会文化或者语用学语境相契合,不论是跨文化交际,如其他国家的人听两个中国人谈论习俗,还是课堂环境中老师对学生的讽刺挖苦,都有视觉和听觉上的参与,因此主体来自感觉器官的解读对理解大部分语言交际有着至关重要的作用。

二、语言行为

语言行为理论是语言学重要的组成部分,通常是行为主义语言学派所推崇的理解语言的线索,"语言行为"(linguistic behaviour)用来区分"语言知识"(linguistic knowledge),前者在这里等同于乔姆斯基意义上的"语言行为"(linguistic performance),后者是"语言能力"(linguistic competence)。在这个意义上,语言知识是对语言的了解,是内在或者抽象的;语言行为是这些知识在具体语境下的表述,二者的区别类似于知道什么(what to know)和能做什么(what to do)的区别。语言知识和行为的区别也类似于索绪尔关于"语言"(langue)和"言语"(parole)的区别,这是整体和特定的区别,自然也等同于抽象和具象的关系。总之,语言行为意味着使用语言的时候,后者是人们行为的一个部分,需要心理、生理乃至身体的参与,不仅在语言使用者角度上如此,同样也适用于语言受话的一方。

系统研究语言行为理论的是美国语言学家塞尔(John Searle),在其理论框架里,语言行为理论准确的叫法是"言语行为理论"(speech act theory),在这里,赛尔用英语单词 act,目的在于强调"做"这个意思,语言就是做事情。根据赛尔的理论,日常语言或多或少都是在做事情,不论"这是抹香鲸"还是"明天请把捕获的鲸运过来",均是言语行为,只不过前者是陈述行为,后者不仅陈述(to state)而且具有请求(to request)的含义,所以更典型,具有言外之力,尤其当受话者听懂了对方的语言,切实完成了把鲸运过来的工作,如搬运、吊装、运输、卸货等,这些是非语言的(nonlinguistic),只是和语言有关(linguistically related)。

美国行为主义是从语言习得角度探讨语言行为,认为语言是"习惯养成的过程"(habit-forming process),在这里,习惯养成过程指外在的语言习得过程,对立于"内省化的生成"(automated internal generation)。所以,美国行为主义潜在的用意在于语言只有通过不断接受外在输入并且反复操练才能形成,是切切实实做和语言相关事情的结果。

奎因的语言行为论狭义上暗指语言是行为,即特定语境下交际双方所参与的与语言相关的各种行为,如丛林语言学家想了解 gavagai 的意思,这既是言语行为,比如请教当地人这个词的意思,请教过程包含了最大限度的"言内之意"(locutionary force)、"言外之意"(illocutionary force)和"言后之意"(perlocutionary force);也是一个习得过程,属于习得行为,在这个意义上,语言学家通过不断地输入尝试掌握土著语言。奎因的语言行为主义体现在三个方面:首先,尽管典型的分析句是陈述句,但使用这个句子也是言语行为,既可以是陈述行为,如陈述鲸的生物学分类,也可以是言外和言后行为,如说话者实际上想确认陈述的正确性(言外),希望对方给出正确答案(言后)。其次,奎因的行为主义和美国行为主义异曲同工,强调语言的外在习得过程,也就是丛林语言学家了解"兔子"在当地语言的词汇形式。在行为主义这一块,奎因强调刺激对语言意义的决定作用。刺激就是输入,所导出的意义就是刺激意义。最后,由于刺激意义的重要性,语言行为体现在观察上。在这个角度,语言的习得和使用很大程度上需要感觉器官的参与,尤其是视觉或者听觉。就像丛林语言学家,在学土著语"兔子"这个词的时候,视觉和听觉的参与是习得的关键,没有二者的参与,作为外来者很难在兔子没有在场的情况下把土著发音和这种可爱的啮齿动物联系在一起。所以,观察行为是奎因基于观察句分类的关键。

三、语用推理

与逻辑密切相关的社会文化语言学观点就是"语用推理",是与言语行为和话语分析密切相关的理论。语用推理指人们在理解日常语言意义的时候,经常无法通过字面意思进行判断,也就是语句自身含有的内在逻辑进行判断;往往需要进行推理才能获得。正像前面所提到的教师例子,用"你来得真早"评价一位迟到的学生,显然如果仅从字面理解话语,人们无法获得说话者(addresser)真实的语言意图。这就需要语用推理,受话者(addressee)以及其他听众需要结合当时的场景,启动内在的逻辑机制,来理解教师话语背后或者隐藏的意义。语用推理解释了日常语言使用所遵循的逻辑机制,这种机制不是内在自我建构的,而是需要与客观现实相契合,至少要反映客观现实。

由上看出,语用推理是语言使用非常有效的机制,本身也构成了语境的一个部分,由于非语言环境因素的激发,人们自动启动了推理机制,以求交际的有效性。在这一点上,斯铂佰和威尔逊(D.Sperber and D.Wilson)从关联理论角度解释了语用推理认知上的原因,他们的理论对语用学是很好的补充,至少从心理角度解释了语用推理的成因。同时,语用推理也解释了礼貌原则和合作原则在交际中共存的现象,有很多语言成分无法通过合作的预期来获得真实意义,而是出自说话者的礼貌或者委婉形成语用线索,然后根据共享临时性知识或者稳定的知识(local and global knowledge)去推理验证语境。

奎因的语言学理论,无论是基于心理主义的行为论,还是基于物理主义的经验观,在处理语言问题的时候同样强调语用推理的重要性。在行为主义上,根据刺激的程度,人们需要启动不同的知识内存来实现刺激意义的有效性。离刺激源较近,所启动的推理较为省力,直接依靠直觉和固化的经验就容易判断,在"这是抹香鲸"的句子中,听话者所做的是结合身体语(body language)实现的观察判断,但在"抹香鲸是哺乳动物"中,刺激较远,所以需要启动贮存的大量相关知识进行判断,如抹香鲸和鲸的关系、鲸和哺乳动物的关系、抹香鲸和哺乳动物的关系、真伪判断、现象实例判断等。在经验层面上,语用推理体现在语义上溯,在这里,推理不是逻辑判断,而是搜寻(search)的过程。回到"抹香鲸是哺乳动物"上,在完成上述一系列的推理以后,还需要作本体性承诺,就是在研究的支持下,回溯那个实体,然后把语词和实体进行匹配。这个过程很复杂,需要一系列的语言和非语言的行为,如概念构建、同义词匹配、现实寻例、比较分析等。总之,奎因的语言学观点同样暗含语用推理这个思维手段,而且比语用学和社会语言学所强调的重要性还要重要,这关乎认识判断的准确性,涉及哲学目的是否能实现。事实上,奎因推翻的分析命题就是基于此,因为分析命题的意义不能够完全自主,经常需要语用推理来理解其内涵,至少把鲸和哺乳动物联系在一起是最基本的联想,也属于推理的一种。

第三节　与认知语言学的关系

奎因语言学思想与认知语言学思想的关联来自其心理主义领域,后者是认知语言学的理论基础。认知语言学是与乔姆斯基语言内在论和传统形式语义学相对立的研究方法,通过认知视角解读语言的习得、学习和使用过程。认知语言学试图让人们相信语言过程并不是内在的规则或者抽象过程,而是身心一致的统一体(unity of body and mind),人类的语言是人们对世界经验的组织过程,思维结构与世界结构相一致。在这一点上,认知语言学与体验哲学(embodied philosophy)相契合,其很多观点来自后者的思想,只不过在哲学基础上添加了神经科学的一些科学元素,认为我们大脑中特定区域具有体验世界和容纳外部知识的能力。认知语言学也与萨丕尔—沃尔夫假说(Sapir-Whorf Hypothesis)有关,唯一的区别是认知语言学认为语言和认知相互作用,共同指向人们所使用的语言所处的环境和经验。

认知语言学是心理语言学的一个分支,注重人的内在心理世界和外部物理世界互动的过程,后者是语言习得和运用的关键。在这一点上,认知语言学和奎因语言学有很大的相似性。在奎因体系内,正像本书标题所标示的那样,其语言学观点和哲学观点是同一的,也是统一的,二者是心理性和物理性的结合体。认知语言学主张语言是物理世界和心理世界互动所产生的结果(身心同构),这一观点同样适合奎因的语言学观点,而且恰恰是后者与很多传统语言学理论的不同之处。从认知角度来讲,身心一致,那么通过比喻上的拓展,主观世界(心理世界)和客观世界(物理世界)保持一致,前者按照后者的结构建构,这就意味着心理顺序遵照的是物理顺序,就像人们会说"一头鲸搁浅了,它是抹香鲸",而不是"它是抹香鲸,一头鲸搁浅了"。后者显然听起来别扭,因为不符合自然顺序。承认自然顺序显然是奎因语言学所要达到的认识论目的,也就是根据客观世界的真实结构重塑人们的心理,构建理论,最后生成在哲学上有意义的语言。在这一点上,奎因是绝对的经验主义者,主张不论是人们的心智还是语言,都应反映真实客观世界原貌,这样心理和语言是客观世界的投射,而不是自主的形式化过程。总的来说,奎因语言学观点在主客观一致性上反映出其认知思想内涵,主体是客体的深刻体验。与认知语言学不同的是,奎因强调回溯,与前者的正溯方向相反。因此,奎因语言过程是基于认知语言学范畴化基础上的回溯过程,先有理论和语言,然后按照本体承诺回溯检和验证,因此属于逆向认知过程(inverse cognition process)。

奎因思想与认知理论的关联归因于它们共同的哲学渊源:首先,是柏拉图和笛卡尔二元世界的划分,使人们才意识到心灵和外部世界是两个世界。当然,两个世界不是静态的,二者具有互相作用的能力,形成紧密相连的关系。其次,经验主义哲学观的出现和发展,强调物质世界在主客体相互作用时的主导性。这就意味着,摆脱了柏拉图和笛卡尔主观世界影响客观世界或者客观世界存在于人们精神中这样的观点,意识到客观经验才是一切理论和知识的来源。再次,康德的内在范畴论让我们知道人类的内在精神结构与外部世界结构相一致,如果没有这种契合,我们无法理解世界的经验,这就意味着,从认知语言学角度,因为我们有着和外部世界物理结构相同的内在精神结构,所以对外部经验的学习和认知才能成为可能,才能使我们有效地通过语言描述客观世界。最后,体验哲学的发展,在理论和逻辑上确定了身心一元的关系,这种观点使人们摆脱了柏拉图式的纯精神理念的观点,或者黑格尔(Georg Wilhelm Friedrich Hegel)所认为的精神存在于人们身体之外的某个地方。反之,人们的精神镶嵌在肉体中,通过对后者体验的方式构建思想或者理念。

一、体验性

"体验性"(embodiment)是认知思想的立论基础,其观点来自体验哲学。体验性作为认知语言学所接受的观点,其接纳是语言学发展的一个里程碑,从根本上消除了形式化语言学根深蒂固的影响,不再把语言看作孤立对象,而是从语言所涉及的心理和文化因素考虑语言结构。事实上,认知语言学与语用、功能以及社会文化乃至人类学的语言观点在一点上是一致的:均把有机体作为语言结构、习得以及使用的关键要素。所以,从体验性角度,认知语言学更接近生物学的研究方法,而不是像化学的结构研究方法。但认知语言学与上述所提到的几个领域相比,更多地强调人的心灵体验,因此不是把语言放到特定的小环境(语用学)、社会语境(社会语言学)和文化语境(人类语言学)中来考察,也不是用特定的科学方法研究那些领域,而是以一种更自然的哲学态度对待语言和人的关系,方法是隐喻(metaphorical)和象征(symbolic)的。体验性在语言学中的阐释来源于早期美国认知学派的先驱如莱考夫(George Lakoff)和约翰逊(Mark Johnson),二人是认知语言学奠基者中两位重要学者。他们认为,人类的思维存在于体验中,借助于隐喻和象征思想来表达。人类的知识来源于感知,通过感知能力进行自我构建。真理是主观现实,而非客观现实,所以无法通过自然科学来理解,唯一的手段就是隐喻方法。

体验思想在哲学上被称为"体验现实主义"(embodied realism)或"体验经验主义"(embodied experientialism),前者强调心理的现实性;后者把身体(客体)作为知识的对象。不论哪一种,身体体验(bodily experiences)对语言概念的形成至关重要,可以通过动觉意象图式(kinaesthetic image schemas)获得。

体验哲学反对身心分离的笛卡尔二元论,强调人们可以了解心智的属性和结构获得关于主客观的知识,认同"异质同形"(isomorphism)可以通过隐喻的方式在不同层次上获得。总之,体验性反对传统柏拉图的精神哲学或者亚里士多德的理性哲学,与奎因语言哲学思想有着共同的追求。首先,不论是体验性思想还是奎因的自然主义思想,均把自然性奉为圭臬。在这里,体验哲学强调的是身体和自然同构(isomorphic),是人们知识和理念的来源。其次,在自然主义这个角度,奎因语言学思想中分享着体验哲学的经验主义观点,唯一的不同在于前者是绝对和客观经验主义（absolute or objective empiricism）持有者，而体验哲学认为人们的语言是主观知识，是心智对外部体验的结果，那么必然是通过隐喻的方式来进行构建，因此持有相对或者主观经验主义（relative or subjective empiricism）。最后，奎因的语义上溯可以看作"体验性"的一种，不论是刺激还是行为，都需要二者作用的对象回溯（体验）认识源头，只不过奎因认为这个源头的真正面目才能够成为标准的研究方法。奎因语言学理论和体验性有很大的分享性。二者最大的不同，就是奎因主张科学方法，这与体验思想排斥自然科学方法有很大的不同。

二、经验性

认知语言学除坚持"体验观点"外，还有一个重要的理论武器来驳斥传统的形式或者心智语言学观点，那就是"经验论"。经验论的语言学观点，认为人的知识主要来自客观经验，可以解决笛卡尔的主客体分离问题。因为有"鲸""兔子""哲学"等这些具象或者抽象的存在（tangible or intangible objects），因此基于这样的客观经验才会在脑海中形成关于这些客体的范畴。语言的形成经历了从"经验范畴"（experiential categories）到"概念范畴"（conceptual categories）最后到"词汇范畴"（lexical categories）的过程，如图 5 所示。

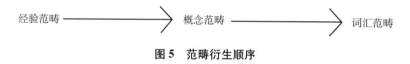

经验范畴 ⟶ 概念范畴 ⟶ 词汇范畴

图 5　范畴衍生顺序

这就证明，认知语言学承认人类知识的客观来源，如奎因那样从词汇本身上溯到他们所指的对象。但与传统指称学说略微不同的是，后者只建立了语词和具体对象的关系，如"鲸"和具体的叫"鲸"的动物发生的联系。认知语言学的指示理论主要解释了概念的产生过程，即解释了词汇"鲸"如何指向所有动物所组成的集合。这个集合就是"范畴"，是基于"家族相似性"（family resemblance）的"范畴化"（categorization）过程，最初的来源就是客观经验，也就是人们感官所接触到的那些具体的鲸。

奎因与认知语言学分享"经验观"，但他是极端经验主义者。其经验的观点处于与"心理主义"相对应的"物理主义"领域，是一系列刺激的结果。对于奎因而言,感官经验同样起到对语言的形成和习得的重要作用。没有这些经验,就没有可以验证命题以及认识判断所依赖的知识。而且,对于这些知识,奎因把经验观点发挥到了极致,力求最终还原并且研究对象的每一个细节,以求知识和认识的准确性。奎因经验主义发生在自然主义框架下,在这一点上与认知语言学不同,前者在"自然主义"框架下,"客观"是审视视角;认知语言学的认识视角是"心智",从"主观"出发,审视语言的方方面面。尽管视角不同,二者所追求的经验主义是一致的,目的是为了反传统、反理性、反形式化,力求提出关于语言和知识的正确评判标准。

奎因与认知语言学在"经验"这个概念上所取得的一致,还体现在对语言形成有着相同的判断。语言在这里就是"词汇",这是认知语言学术语,或者是奎因所用的"语词"。认知语言学认为,词汇是客观实体被范畴化的结果。这个过程和奎因的语言习得过程一致,后者认为一系列的"物理数据"投射到人们心理,形成"理论语言"(theoretical language)。"物理数据"等同于认知中的"经验",而"理论语言"就是"范畴"。因此,可以看出,奎因与认知语言学的经验观相一致,均强调语言是从外部生成的,与刺激或者客体相关。不管是认知还是刺激意义,所隐含的认识过程都是从客体投射到本体的过程(the projecting process from object to subject)。后者比前者多了一道工序,在投射的同时反射,也就是获得理论语言之后反向检验,回溯客体。因此奎因的语言学理论是心理加上物理的完整过程。

三、语言理论的心理过程

综上所述,奎因的语言学观点与认知语言学观点分享的是体验性和经验性,尤其是经验观在语言形成过程中所揭示的程序要复杂一些。首先是客体,也就是物理数据,随后投射到心理领域。事实上,认知语言学解释了人的一般语言习得过程,至少从与"突出观"(prominence view)和"注意观"(attentional view)对等的"经验观"(experiential view)角度而言是这样的,用区别于传统形式化语言学不同的方法描写了语言习得过程,明确了不论是"范畴"还是"概念"的客观来源,是根据世界经验层次结构构筑语言习得的先后顺序。认知观点解释了为什么人们在习得语言过程中首先获得的是"中位词"(basic-level term),这与"中位范畴"(basic-level category)有关。这个范畴也就是经验范畴,所谓"经验"(experience)即感官经验(sensory experience),也就是如人类视觉所看到的那个世界,最大的特征就是区分性(distinction),如"猫""狗""树""山"等,这些客观存在有着显著的个体特征,很容易和其他客体或者周围环境分开,因此可以想象到它们独特的特征(feature)或者动作(action)乃至运动方式(motion),比如狗会摇尾巴,或者猫眯起双眼。认知语言学受现代心理学影响,上述提到的很多研究成果来自"格式塔心理学"(gestalt psychology),后者涉及很多与视觉感知相关的原理,如"整体感知"(holistic perception)。整体感知为经验观的提出提供了认识事物范畴的理论依据,也就是当习得"猫"或"狗"这样的词汇时,人们首先在视觉中有着这两种动物完整的意象,和其他意象界限明显。界限决定了分类,而不是整体,所以就解释了在早期语言习得过程中人们不会从抽象的"上位词汇"(superordinate term)如"动物"或者过于具体的"下位词汇"(subordinate term)如"小花狗"开始的原因,前者无法感知,后者不符合感知习惯。

认知语言学的习得观点很好地解释了在获得语言过程中的心理机制,因此广泛地被语用学和社会语言学研究所接受,至少在经验主义这个角度,理解了语言的生成条件,也就是与视觉相关的经验过程。正像语言学理论所解读的那样,人们习得语言时,其无法在心理世界自动生成,而是在特定语境下被周围的物质存在所激发,构成一系列具有社会意义的数据。所以,在理解语言生成这个现实上,和语用学以及社会语言学一样,认知语言学也强调客观性,语言产生的关键在于外部条件,社会文化因素起到关键作用。这就像日本人所理解的桌子,如图6所示。

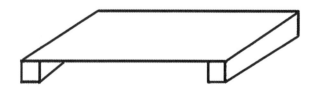

图6　典型的日本桌子

显然是这个民族在其文化语境下对桌子感知的结果,社会文化语境作为经验存在起着关键的作用。

同理,奎因的自然化认识论也描述了相似的认知过程,相对于认知语言学观点,没有表述得那么具体,而是直接谈到了语言的来源。在奎因的认知体系下,"范畴"等同于"理论内涵"(theoretical embodiment),其最初来源是物理数据,也就是客体,如猫或狗等这样的动物。在日常生活中,当注意到个体动物的存在,人类的视觉系统自动启动(automatically activated),客观存在投射到视觉领域,形成了感官数据(sensory data),然后进一步输入意识层面,就构成了理论内涵。事实上,理论内涵的形成与认知语言学范畴或者词汇的习得过程是同一个过程,都是客观存在到心理概念最后到语言输出的过程,只不过"理论内涵"有着不同的含义:狭义上是指客观到主观再到语言的结果;但在专业或者哲学意义上,"理论内涵"用来指哲学判断的整个过程,就像"鲸是哺乳动物"这个命题的判断,用"理论内涵"这个措辞更加精确,反映了一般的认知过程上升到哲学认识这个最终目的的结果。作为总结或者归纳,可以认为奎因的语言习得理论建立在三段过程上,也就是从物理数据经过感知数据最后到理论内涵的过程,物理数据到感知数据就是"刺激",感知数据到理论内涵(命题)就是认知的结果。

第四节　与乔姆斯基思想的关系

奎因的语言学观点是从哲学角度切入,从语言和世界的关系方面描述了语言的生成和转换机制,因此构建了从物理到心理再到语言的完整认知过程和认识判断。奎因语言思想的哲学意义体现在探讨了语言的经验和思维本质,作为认识论的关键媒介而起作用。与奎因类似,作为20世纪到目前为止最有影响力的语言学家之一,乔姆斯基也从哲学入手,探讨了语言的习得、生成以及使用的本质,揭示了语言本质性的东西。两位语言哲学翘楚既有相似之处,也有本质上的不同。二者曾经在20世纪展开过语言本质的争论,是除了与"功能学派"以外乔姆斯基曾经很重要的论战之一,用来捍卫其"转换生成理论"。两位学者研究身份或者角色不同,奎因是涉及语言学问题的哲学家,通过语言问题来探索构建自然化认识论这个最终目的,所以无论是"刺激意义"还是"两个命题"或者"句型分类",最终都归结到了人们心理的本质,即思维范畴内一切与理念相关的内容都指向客观存在(experience),因此认识论上的判断要以后者为参考依据;而乔姆斯基是走向哲学的语言学家,作为语言学专业研究人士,他解释了语言的生成机制,不论是"早期理论"(Original Theory)和"标准理论"(Standard Theory),还是"拓展标准理论"(Extended Standard Theory)和"管辖约束理论"(Government and Binding Theory),以及最近的"最简方案"(Minimalist Programme),一直坚持理性主义路线,走"普遍语法"(universal grammar)道路。通过语言的研究,走向了思维本质这个问题,最后迈向了哲学。奎因和乔姆斯基另外一个本质的不同点是在认识过程中如何对待"经验"这个重要的参与对象,对于两位思想家而言是"有"还是"没有"的问题。判断上的对立导致了他们争论的立论基础有所不同,使二者走向了不同哲学认识方向。

与不同并存的是渊源,也就是可以让两位理论先驱兼容在一个体系框架下的那些条件。无论是奎因,还是乔姆斯基,均涉及了语言、心理和哲学问题,因此他们的思想可以追溯到哲学与心理学的一些基本理论和假设。首先是哲学渊源,作为在语言学上颇有造诣的哲学家,二者语言学观点都有着很深的哲学内涵。奎因的观点建立在"经验主义"与"唯实"两个哲学概念上。"经验主义"可上溯到亚里士多德,到英国的经验哲学(培根等)时期达到高峰。"经验主义"注重科学精神(由伽利略开创),强调可靠的知识来源于客观经验(刺激—理论)。知识和理论是归纳的结果,是对不同实体相似特征的抽象描述和命题陈述。"唯实"意味着主观世界是参照客观世界的复制过程,前者心理模型应与客观世界实体结构相对应(刺激=理论)。"唯实"意味着实证,也就是理论和知识需要通过客观经验得到验证,更进一步就是"既能在数学上推导,也能在实践上验证(逻辑实证主义)"。乔姆斯基语言学的哲学基础是"先验主义"与"唯理",代表人物有柏拉图、亚里士多德(唯理主义)、康德、笛卡尔等。先验意味着人类头脑中预设了很多知识和概念,这是人类理性和理论体系的唯一基础。唯理意味着认识过程是演绎和推导过程(内在的知识=理论）：先有概念或理论，然后用此在客观世界的实例中得到验证。乔姆斯基理论侧重"内省""直觉"和"本能"。其次是心理学渊源，作为共同点，无论是奎因还是乔姆斯基，都把语言作为"心理—认知"过程来理解，只不过理解方式不同。奎因的刺激与美国行为主义心理学（斯基那等）有密切联系，强调语言的"刺激—反射"的条件反射过程。少儿学习语言，首先要有足够多刺激样本刺激他们的中枢神经，后者会对刺激作出应激反应，直到形成特定习惯为止。在奎因的体系中，他提出用"感官证据"这一术语代替"刺激"，刺激的结果就是用语言来表述的理论和知识。因此奎因心理过程的目的是把认识论简化成物理现象（物质生成理论）；而相对应的乔姆斯基以古典心理学作为基础，也就是人的心理过程是自主的完美过程，人脑就像计算机一样，按照逻辑与程序步骤来工作，思维的目的是简化已达到完美的抽象。人们脑海中已经存在了对客观世界先验知识，是绝对的、完美的、模块化的（亚里士多德），因此人的心理过程为同质过程，没有差异和多样性。刺激贫乏的理论把认识简化成数学或逻辑现象，可以高度形式化（理念生成理论）。

一、刺激丰富论与刺激贫乏论

奎因与乔姆斯基体本质的不同，在于对待"刺激"这个问题。二者在这一点上，走向了相反的方向。奎因强调"刺激"；而乔姆斯基拒绝接受。事实上，"刺激"这个概念是经验主义与先验主义的分野，在语言学领域，是行为论和内在论的分野。"刺激"的提出代表现代哲学、科学和语言学发展方向，均从传统先验和唯理的思想向着后验和唯实的思想转变，与经验哲学和科学，以及所有那些与形式相对的语言学流派形成产生对比。其关键之处在于承认了客观世界的实在性（substantial realism），也承认了感官的认识能力，通过感官人们可以知道周围的世界。之所以以感官为本的研究方法盛行，在于人们意识到了这种方法是最有效的认识手段，是推理和唯理的有效补充，可以作为前者的认识源头存在。

分别作为极端经验主义（radical empiricism）和理性主义（radical rationalism）的代表，奎因与乔姆斯基争论的焦点在于语言习得以及生成过程中是否需要刺激。奎因理论被称为"刺激丰富论"；而乔姆斯基不承认刺激在语言过程中的合法性，其理论为"刺激贫乏论"。事实上，二者最大的不同体现在是否有

"物理"这个选项上。奎因作为"心理主义"坚持者的同时，也是"物理主义"的拥趸，后者支撑了奎因的"科学化的哲学体系"，反映了其极端的自然主义思想。相反，尽管推崇笛卡尔的科学理论，但是乔姆斯基绝不是"物理主义"者，从来不承认实证方法对研究语言的作用，所代替的是柏拉图和亚里士多德思路，前者认为知识是内在的，"人生而知之"，靠直觉和内省获得；后者认为知识最好通过数理推导方式取得。

由此可以看出，是否有刺激是奎因与乔姆斯基语言观之间的本质差异，立论基础在于二者对语言发生机制和知识的获得方式的不同理解。奎因的"刺激丰富论"认为语言知识和其他领域知识来源于感官证据，也就是客观经验最后作用于头脑的结果。语言的行为主义过程是"理论"形成的基础，所以理论最后还是要追溯到最基本的客观经验。奎因刺激的观点，正像前面所述的那样，用来理解命题的本质。在这一角度，用命题构建知识或者真理的时候，所参照的不是语言本身所具有的字面意义或者自身逻辑（logic based upon the sentence itself），而是依据刺激的远近来判断命题意义。刺激无所不在，因此在奎因角度就有刺激丰富的观点。刺激不仅作用于感官，而且对人们内在的思维、概念及最后语言输出都有深远的影响。事实上，"刺激丰富论"本来是批判卡纳普等人两个命题划分的做法，认为没有必要区分"分析命题"和"综合命题"，二者的差别只是刺激在梯度上的多少，而不是有或者没有的问题。刺激丰富论中的核心论点可以被解读为人类的思想需要刺激，刺激来源于刺激物。没有刺激，就没有理性和知识，也就没有语言，并且语言在一定程度上是前者的外化形式。

相反，乔姆斯基的"刺激贫乏论"否认外部刺激的存在，因为语言知识是内嵌式（in-built）的，语言的形成只需要激发内部参数（to trigger the internal parameters）。乔姆斯基对待刺激的观点是生物性和唯理的（biological and rational），前者是原因，后者是认识途径。在这个意义上，乔姆斯基认为语言是与其他官能并行的一个官能，具有生物性意义上的自然成长能力，就像鸟儿必然长出翅膀一样，语言会自动成长。或者说，有没有外界刺激，语言都会生成，正像"刺激贫乏论"所暗指的那样，任何人在语言习得过程中所接受的输入远远少于输出。既然如此，语言知识如果单靠实证方法验证自然效果甚微，对于乔姆斯基而言,内省化的推理才是认识语言本质的有效手段。所以,乔姆斯基观点代表着西方理性主义以及先验主义的常用观点,与奎因的经验主义和行为主义形成对立。

二、先验主义、唯理主义和经验主义

综上所述,奎因和乔姆斯基在对语言的认识上走向完全不同的路线,各有自己的立论基础。尽管二者属于不同阵营,但都是坚定的科学主义者,只不过对科学的理解不同。同理,他们理论中有着相同的哲学内涵,也就是构建同一种基于科学理念的认识论方式,涉及人、世界和语言的关系。奎因的认识方法是在心理学和物理学之间转换的过程;乔姆斯基是心理学和生物学之间的相互转换。二者都是在自然主义框架下构建新型的哲学方法论,这基于西方思想三大重要的认识方法:先验主义、唯理主义和经验主义。乔姆斯基奉行的是前两项,奎因坚持的是后一项。三种主义你中有我、我中有你,构成了现代学术体系下既对立又统一的自然认识框架。

首先是乔姆斯基的转换生成学派,早期理论属于纯形式化范畴,追随结构主义理性分析思路,伴随着后期理论中生物学一些理念,乔氏思想逐渐进入经验科学范畴,尽管其方法并不是经验或实证的。至少在理念上,乔姆斯基的理论解释了语言在生命进化过程中所体现的生物本质,蕴含的逻辑是:既然语言是自然产物(natural product),而不是索绪尔意义上的社会产物(social product),那么就应该借助心理学或者生物学这样的自然科学进行认识,研究其有机性(organic characteristic),而非在特定社会文化下的意义(ethnographic implication),研究方法为数学或者逻辑推理这样的科学辅助手段。从方法上,可以看出乔姆斯基与实证者的本质区别:坚持经验科学信仰,同时走理性主义道路。自然科学信仰意味着语言属于自然现实(natural reality);理性道路意味着认识需要通过内省或者内心世界构建。相对照的是奎因的经验主义思想,兼容了心理自然主义(psychological naturalism)、社会自然主义(social naturalism)和物理自然主义(physical naturalism)。心理自然主义体现在刺激意义上,因为刺激是客观现实,因此心理结构与自然结构是并行的经验历程,与客观相连;社会自然主义,或合作自然主义,代表人物是哈克(Susan Haack),是超越纯自然科学的自然主义,特指人类的经验和行为,与奎因的行为主义观点

相一致；物理自然主义是奎因自然化认识论的核心部分，把客观存在作为认识判断的唯一来源，也就是没有物理学的参与，哲学研究存在缺陷。

乔姆斯基语言哲学体系和奎因的语言哲学体系，涵盖了先验主义、唯理主义和经验主义三种学术路线。先验主义涉及语言存在的先后顺序问题，这是经验性的探讨，因此先验主义蕴含在经验主义范畴内。不论先验还是后验，都是对客观的描写，因此可以并行在科学体系中。而唯理主义是先验主义和经验主义的桥梁，与前者契合是因为形式化或者数理方法为纯心理架构，可以独立于客观世界形成自主体系；与后者契合是因为建立在自然主义或科学理念基础上，能够对自然进行精确的描述。无论是乔姆斯基的极端先验思想还是奎因的极端经验思想，都有理性主义成分，均把自然科学奉为圭臬，这也是两位哲学和语言学巨匠的相通之处。

第五章　自然主义视角下的奎因语言观

奎因哲学和语言学研究,即自然化认识论和本体相对论,伴随着命题的重新阐释以及句式按照刺激梯度进行重新分类,被放到了一个超越局部语境和社会文化环境更大的领域,也就是自然这个范围内,把一切现象都作为自然现象来考虑。不论是语用下的人和人交互、人在社会文化环境下的行为以及社会活动,还是人在习得或者使用语言时所有周围的物理性刺激,都可以简化成最自然的现象进行处理,就像理解"风雨雷电"那样,均是物理性的,可以通过科学方式进行了解。如此简化是最彻底的自然主义思想,在奎因语言哲学体系中做到了极致,尤其是在语言研究体系中,可以通过"刺激"和"行为"这两个术语来体现。当然,奎因彻彻底底的自然主义思想可以被其自然化认识论思想辅助和验证,后者是把前者推向极致的关键。

奎因语言自然主义思想与很多同时代的学者一样,起因在于理解语言过程中遇到了很多困惑(dilemma/predicament),首先就是语言和认识的关系。随着哲学不断向前发展,哲学家们意识到了语言在哲学领域中的重要或者核心地位。没有语言的参与,哲学研究不完整,就像夹在风箱中的老鼠,困惑迷茫;相反,语言的参与使哲学有了全新的视角,有了这个强大的表述和认识工具,不仅向上指向正确的认识,同时也可以回溯到思维的本质。在这一点上,奎因是很好的实践者,在哲学实践中,通过全新的语言学观点,提出了关于人们思想如何工作的本质问题;同时回溯到了认识最初的客体源头。两个相反方向的认识构成了自然框架下心理主义和物理主义两大认识工具,相互成就、相互佐证。奎因与其他认识论者最大的区别就是"上溯",给人们的认识一个本体性承诺。

奎因极致的自然主义思想(polar naturalism)体现在纯粹的经验主义思想

(pure empiricism)上,后者意味着自然科学尤其是实证科学应该作为哲学认识的唯一参考标准,只有依据科学的哲学才能够成为可靠的哲学,这就等同于命题"鲸是哺乳动物"首先应该是科学陈述,描写客观现实并且需要在试验场合进行验证,这一切是这个陈述句成为认识判断的先决条件,至少作为分析命题"鲸是哺乳动物"蕴涵这个科学前指,并且能够回溯到这个位置。"科学先于哲学"反映了奎因自然主义思想的本质,也帮助人们更好地理解其自然主义观念下语言学思想以及内涵。总的来说,作为自然主义实践者,奎因提出了两个基本的语言学观点:首先,更准确地说是批判,他否定了分析命题和综合命题的分类方法,这种分类方法实际上把哲学和科学分开考虑,放到了两个不同的范畴。这么做最大的问题就是分析命题无法被科学和实践检验,无法在现实中证伪,因此具有了权威和专制的属性(authority and autocracy);其次,为了解决第一个问题,奎因提出了"刺激意义"的概念,导致命题重新按照刺激程度进行分类这个结果。这样做的好处就是句子具有科学表达功能,不仅可以作为归纳式的命题(reducible statement),也可以作为验证时的例证(verifying evidence)存在。刺激意义必须和观察这样的行为联系到一起,通过观察人们构建了科学实验场所,这样每一个语言表述中的哲学内涵都具有了科学源头,在经验场内随时质疑和验证。这就像"鲸是哺乳动物"这个陈述,如果一个人对此类知识不了解,他至少像最早鲸类科学家(cetologist)那样,重走科学实验之路进行验证。这样的思路恰恰和笛卡尔"第一哲学"思路一致,也是亲力亲为从第一个知识开始推导。

第一节　自然语言观

奎因的语言学思想,在物理主义和心理主义结合的自然主义框架下,可以理解成自然主义语言观(nature-based language views)。"自然语言观",顾名思义,是与语言所有自然性相关(nature-related)的语言学观点,这就意味着当人们考察语言结构和意义时,也包括声音系统,应该跳出人文局限(ethnographic restrictions），不再考虑其心理的主观性问题（issues regarding subjectivity），而是把语言系统放到更自然的范畴，赋予其客观性（results out of objectivity）。客观性意味着语言不仅具有心理现实性；同样具有物理现实性。比方说，当使用或者理解语言的时候，人们可以在脑海中形成一连串的生化反应，启动所有的神经网络生成和理解概念，组织语法和逻辑等，这是语言的心理过程；同时人们也运用视觉或者听觉来处理语言，这是物理过程。通过这个过程，一连串语符（visual symbols）能作用到视觉；或者声音符号（auditory symbols）作用到听觉。感觉器官的参与是物理性的（本质是生理性的），与理解自然界的声音或者图形本质上是一样的。况且，即使语言的心理性过程也同样具有物理属性，无论是语言的生成本身，还是参与的所有大脑内部生理结构，都是物质性的或者与物质发生关系的，均是可实验或者观察的物理过程。物质性的基础是存在，语言也是一种存在，是非常可观的存在，其存在于人类认知范围内，可以被人们所了解和验证。

语言自然性遵从的是最大尺度的自然主义（naturalism to the largest extent），所以与奎因的自然主义思想相契合。在这个意义上，语言的实在性优于或者先于非物质性，其也是自然世界的一个部分，可以应用最基本的自然法则①加以认识和了解，是经验性的实在现象（being experientially real），因此具有经验的现实性（experiential realism）。语言经验现实性体现在心理和社会现实性上（psychological and social realism），其中心理和社会是传统语言学研究的最大边界，推崇语言既是心理产物（psychological product）也是社会产物（social product）这两个核心观点。语言的心理现实性和社会现实性在自然主义框架下简化成了经验现实性，这就等同于把心理和社会放到了自然范畴内。在这个范畴下，语言成为科学审视的对象，需要后者的验证和证实。

最典型的语言自然思想与哲学研究有关，也就是传统上的"指称论"，探讨语言和客体的关系。语言自然主义思想发自人类本性中对自然的兴趣，不仅理解自然本身（nature in its own right），更关注语言所指的自然（linguistically mediated nature）。思想最早可以追溯到柏拉图的《克拉底鲁篇》，涉及了"唯

----

① 不是生物学意义上的概念，指适用于整个物质世界的普遍规律。

名论"和"唯实论"的问题。在对话中,柏拉图谈到了"名称"的本质,这是语言自然思想的开端,体现在名称可以指代实体。语言指代功能,虽然是直觉判断而非基于解释充分性①的判断,构成了西方语言哲学的基础,界定了语言哲学通过语言所涉及的研究对象。无论是早期的希腊哲学,还是后期的分析哲学,以及流行的语言哲学研究,都是以名称和对象关系作为研究基础。奎因继承了这个传统,继续研究语词与世界的关系。无论是自然化认识论,还是本体相对论,都是从语词的本质和功能出发,探讨语言与世界的关系。唯一与传统方法不同的是,奎因需要一个本体作为确定答案,需要一个自然认识的正确手段和方法。通过语词和客体的关系,摆脱传统的直觉联想,引进科学方法,用实证和实验的方式验证语言和世界关系的"解释充分性",建立一个完整语言和世界关系的科学体系,给予哲学认识一个可靠的科学承诺。

一、哲学视角

首先,语言自然主义观念来自哲学视野。它与自然主义本身并行,提出和发展是为了强化语言自然性的一个方面。语言自然主义在这个意义上是作为哲学观念存在和发展,是语言哲学研究中重要的组成部分。在哲学意义上,语言自然主义思想与奎因语言学思想,目的相同,提供的是语言领域的认识论,也就是"自然化认识论"。语言领域"自然化认识论"有两层含义:首先,建立语言作为学科的认识论(linguistic epistemology),这是在更大的哲学体系下或者在其指导下局部学科的认识体系(epistemology in the local sense),用来判断语言知识的有效度;其次,建立借助于语言的哲学认识论,在这里,语言是表述和陈述工具,辅助实现哲学认识论的最终判断,这是广义上的认识论(epistemology in the global sense),在哲学体系获得最终认识。广义上的语言学认识观点即分析哲学所研究的对象,并且在奎因的自然化体系下得到全面的发展和提升,不仅从哲学角度,也从语言学角度,全面地实现了体系和理念的自然化。

语言自然主义作为语言自然化思想的来源,也有其深刻的哲学传统,这是与语言观念相关的三种哲学思想。首先是"经验主义"(empiricism),是从

---

① 自然科学的本质。

培根哲学开始盛行于西方向现代社会转变以来主要的哲学思想,伴随着现代科学的产生而产生。现代语言学研究也遵循了这个哲学传统,摆脱形式化研究的束缚,构建基于实证的研究方法。最早使用实验方法的是美国结构学派(the American Structural School),由一些人类语言学家(anthropological linguists)构成,通过录音的方式尝试保留和研究几乎消亡的印第安语言。结构主义方法是实证方法(experimental method),是通过录音的方式搜集具体语言使用者真实语言数据,开启了语言实证研究的先河,通过"田野调查"(field investigation)对语言的结构进行准确的描述。从结构主义开始,语言学进入经验主义框架内,借助工具,如声音摄谱仪(sound spectrograph)对语言进行量化研究(quantitative study)。

　　第二个哲学渊源就是分析哲学,是从经验主义派生出来的哲学传统。分析哲学首先是修正传统哲学认识的缺陷,然后辅助句式分析以及逻辑方法对原有的认识进行改良。分析哲学与语言研究直接相关,属于"语言学转向",与语言自然主义相关的部分就是"逻辑实证主义"。事实上,逻辑实证理论是形式化方法和实证方法的结合体,为二者的折中,是在自身体系中添加上经验验证这个关键的成分。分析哲学从弗雷格的"意义"(sense)和"指称"(reference)的区分开始,伴随着卡纳普分析命题和综合命题的区别。综合命题指向了语言自然主义,这就意味着当进行句式分析的时候需要综合客观知识。客观知识(objective knowledge)就是经验现实(empirical fact),如人们说"下雪了",这个命题的真伪需要参照客观经验来判断。

　　第三个与语言自然主义相关联的哲学思维是"日常语言学派",是从分析哲学衍生的学派,其口号是"意义即使用"。日常语言学派是用来进一步修正逻辑实证学派的一些问题,认为语言意义不在字面上,单纯综合客观知识无法了解一个句子的真实含义,如前面提到的如果一个学生迟到了老师会说"你来得真早"这样的句子。日常语言学派给出的方法是分析句子应该超越字面意义而转向语言使用者。意义从意义生产者而来,无法自主存在。日常语言学派促进了语用学的发展,把与人相关的有机性(man-related organism)作为语言自然性的一个重要方面进行考虑,因此属于行为和社会自然主义范畴。

二、科学视角

与哲学视角相辅助的语言自然主义观念来自科学范畴，是自然主义的本意和践行者。科学涉及发现和解读，是本体性的（ontological），那么语言自然主义自然从语言本身这个本体角度建立语言科学观念体系，因此语言学就成为"语言本体学"（linguistic ontology），是摆脱哲学认识视角，把语言作为独立自主的科学研究领域，尽管其和哲学领域密切相连，但随时可以分离自成体系。语言学的科学性明确了语言作为一个科学门派（a branch of science）存在，可以像其他的自然科学如物理、化学或者生物学那样对待。这是与哲学的本质区别，即语言学的判断标准是科学的，语言学意味着语言是客观评价对象而非像哲学那样追求形而上的目标，这就是奎因思想的目的。在本研究中，可以把语言研究放到奎因科学范围内来理解。

作为科学门类的语言学，正像前面所述，是本体性的研究学科，或者理解为从自身意义上的研究学科，因此所有科学研究方法如分析、比较、统计、量化、综合等均可用在此范畴。科学语言学与传统研究方法的本质不同就是体现在这样具体和实证方面，与形式化的数学建模（mathematical modelling）有着本质的区别。科学研究注重描写（description）、阐释（exposition）和解释（explanation），正像所有自然科学那样追求"描写和解释的充分性"。

事实上，所有现代语言学领域均具有科学自然主义意义上的科学性，主要涉及如下语言学流派或者方法。

第一个是反复提到的语言行为观（linguistic behaviourism），起源于美国结构主义，可以算作最早的语言学科学研究方法，来源于对欧洲人文传统的颠覆，也符合美国的科学和实证精神（scientific and experimental spirit）。奎因继承的就是这种行为主义科学传统，主张在研究语言过程中把语言行为放到实验或者实证体系内进行考察。行为主义强调语言的外化过程（external process），认为强化（reinforcement）是塑造和制约语言行为的心理动因。根据布隆菲尔德的观点，语言的"正确性"不应该由"适当性"评判；而是由在实际交际中所搜集到的语言数据评判。因此，行为主义意义上的语言自然观建立在外在语言行为上，根据使用者个性（user's idiosyncrasy）进行判断。

第二个是与行为主义有关的结构主义，所体现的科学性更多的是态度，而非做法。科学态度指人们用科学方式理解语言结构的思路,在这里,结构主义是用化学的结构理论理解语言。在化学意义上,物质是由建立在层次上相互关联的基本粒子①组成;同理,语言单位如句子也是由建立在层次上相互关联的结构(structures related to one another built in hierarchy)所组成。这种观点来自索绪尔思想,后来发展成了系统理论(systemic linguistics)。结构主义与科学的一致性在于构建了语言本体观念,语言的理解从其自身结构开始,就像物质从其自身结构理解一样。

第三个是来自所有基于社会文化因素的语言学观(linguistic views socio-culturally based),包括人类语言学、社会语言学和语用学,也就是凸显语言社会文化方面的语言学学科。这个方向的科学性体现在语言学的有机性上,是社会学意义上的生物思想。通过社会文化构建,语言是"社会有机产物"(socially organic product),与结构主义化学方式不同,认为语言不是内部关系的产物,而是和语言使用者相关的结果。

第四个是乔姆斯基所代表的生成学派(Generative School),与结构主义相同,是一种语言科学的态度。乔氏体系与社会文化体系一样,均把语言的有机性作为语言自然性的前提,对于乔氏而言,语言是"生物有机产物"(biologically organic product)。与乔姆斯基理论相关的是认知语言学,这一方向的思路侧重语言是内在的心理过程,是"心理学有机产物"(psychologically organic product)。

三、自然语言

语言自然主义思想,是用一种自然主义也就是科学态度对待语言。在这里,语言自然主义包含两层含义:首先,指以一种自然或者科学思维对待语言的态度,在这个意义上,语言是本体性的,是有机的和结构的,是可以用科学方法研究的;其次,语言自然主义思想隐含"自然语言"(natural language)的含义,在此意义上,语言本身也是一种客观存在,即乔姆斯基所使用的"自然客体"。作为自然存在的语言,其本身也是科学的研究对象,作为经验过程(em-

---

① 随着近代物理学的发展,发现比基本粒子如"电子""质子"和"中子"更小的粒子,如"玻色子",因此基本粒子并不基本,只是相对概念。

pirical process)来体现。既然是经验过程,语言作为一个系统,可以类比成物理系统,具有物理属性,那么自然像其他物理存在一样是感官经验的一个部分,同时在存在意义上具有真实可靠性。在感官经验方面,语言是人们感官所接受的刺激(stimuli impacting upon sense organs),也就是所提到的视觉或者听觉符号。比方说,语言声音,和其他自然声音一样,具有等价的听觉或者声学属性(auditory or acoustic features),可以被特定的声学仪器探测,进行频率分析。而对于语言存在性而言,意味着语言和其他客观实体一样出现在人们的认知域中,占据时间和较抽象的空间位置。总之,语言是真实客观存在的,分享物理现实性,构成了完整的人类经验,自然性存在于语言的每一个方面。

具体而言,自然语言体现在自然声音、自然结构和自然意义三个方面。首先,自然声音(natural sound)是通过声音发出和传导实实在在的人类感知经验。语言自然声音与自然界其他声音略有不同,因为是生理因素和心理因素共同参与的,因此是生物性和物理性结合的结果,由此人类的声音就是有机和无机混合的产物。从有机角度来看,人们发的声音是所有发音器官参与协作的结果,事发对象是有机的自我(organic self);从无机角度来看,人们的声音可以在空气中传播,形成扰动(disturbance),具有"波粒二象性"(duality property of particle and wave)特征。因此,自然声音与人的物理现实性相关,受人的心理或者生理过程管辖制约。其次,自然语言体现在自然结构(natural structure)上,与语言的结构有关。传统结构思想经验性地把语言分成形态层次(morphological level)和句法层次(syntactical level),分别管辖音素(phoneme)合成单词和单词合成句子的经验性结构过程。形态和句法过程遵守的是形态和句法规则(morphological and syntactical rules),就像化学元素按照化学定律合成新的化学元素一样。在文化学意义上,自然结构体现在社会文化语境内,在特定的历史、社团以及民族意义上涉及语言之间的结构关系,如英语和德语在日耳曼语系内部的关系。这种关系通过相似的语言内部结构体现,可以通过"重构"(reconstruction)这样的经验性物理方法进行还原。最后,自然意义(natural meaning)隐含人们所提及的词汇和所指的关系,或者奎因的语词与对象的关系。自然意义的物理过程偏心理领域,指通过感官的感知,客体如"树木"进入人们心理层面,然后形成"树木"的概念,最后输出"树木"词汇的整个认知或者习得过程。语词,在树木的意义上,其自然性体现在可以通过奎因的方法由词汇本身上溯到最原始的那个经验。总之,自然意义在这个角度定义成"心理自然主义"(psychological naturalism);与自然意义另外的经验过程相对,后者是"历史自然主义"(historical naturalism),也就是语言的约定俗成过程(conventionalization),这个过程摆脱了词汇和所指的任意性制约(arbitrariness-based restrictions),在历史进程中固定了一个词汇如"树木"和客观所指之间的关系,这同样是经验过程,与历史发展和人的思维方式直接发生联系。

第二节　物理主义和心理主义

基于奎因自然主义理论的语言自然主义思想,以一种存在性的哲学理念界定语言,并且以一种实证性科学方法研究语言。在奎因的思想体系下,哲学和科学是统一的整体,二者追求一个共同的认识目的。那么在这个框架下,语言学研究自然也可以放到哲学和科学统一的框架下,即哲学认识论和科学实证研究统一的学术框架(a unified paradigm of philosophical epistemology and scientific experimentation)下,这个框架就是奎因的自然主义认识框架,或者是自然化的认识框架。在哲学和科学一元体系下,需要系统的兼容,就像在物理学体系下相对论和量子力学需要兼容一样。兼容就意味着不同体系能够相互印证或者相互补充。在奎因的自然化认识论中,他尝试建立这样一个认识系统,可以兼容哲学和科学两大学科体系。传统意义上,哲学的本质是思辨,是构建从理念/概念到理念/概念的心理化过程,可简化和推演为其本质性特征。思辨与语言并行,前者往往都是语言的慷慨陈词或奋笔疾书,在这一点上,思辨似乎是脱离客体而独立存在于人们思维或者意识层面上;而对立的科学本质是发现,构建客体/存在到理念/概念的过程,因此是外指的。科学在发现过程中不追求简化,而是用陈述匹配发现对象,这样往往会发现一些超越规则的例外情况(exceptions to the rule),比如超过一定地理范围就会发现有的天鹅羽毛是黑色的。① 与哲学的慷慨激昂或者奋笔疾书不同的是，科学是践行者，亲力亲为去实验和验证，需要和客观实体或者数据打交道，然后用语言建立定律，并且不断修正该定律，如上面所提到天鹅的例子：

定律：天鹅羽毛是白色的。

修正的定律：天鹅有些羽毛是白色的，有些是黑色的。

科学的做法显然具有哲学无法比拟的优势，这恰恰是奎因意识到的问题，从而提出哲学自然化思想的动因。他的做法就是从命题出发，因为意识到了基于哲学简化的最终命题（all-inclusive proposition）无法完全在科学经验系统内得到永久的证实，这也是其否定分析命题的原因。其中一个重要原因就是分析命题在绝对语境下表述了一个绝对的理念，但是一旦放到经验体系下就会遇到很多例外情况。分析命题至少在传递信息时会给人以结论式（conclusive）的印象，设定就是一个中性语境，而没有考虑不同语境会有不同的情况这样的问题。比如"狮子是栖息地在非洲的食肉动物"这样的陈述，显然无法给其他情况留有余地，因为命题会传递所有狮子这样的食肉动物（carnivorous animal）都生活在非洲这样的信息，至少相对于那些对狮子毫无了解或者缺乏专业知识的人士是这样的。这个命题最大的问题就是除了非洲狮（African lions），还有在印度生活的亚洲狮（Asian lions）。② 若如此，这个命题最大的问题就是没有设定条件，没有指出描述对象所出现的地理范围。再比如，奎因之所以否定分析命题在认识论中的作用，推崇科学的实证方法和经验性判断，就是意识到了这种命题所隐含的不变性在可变时空中会遇到阻力，因为随着各种时空的变化，命题描写对象也会变化。比方说"北极熊是水生哺乳动物"这样的命题，描述的是北极熊常态的生存方式，需要大量游泳寻找着陆点（perch）和海豹（seal），因此用"水生"（aquatic）这个词汇定义这种熊常态行为方式。但这样的命题只是在特定语境下才具有适用性，假如这一刻北极熊没有在水中游泳而是在冰面上休息，或者未来某一天由于基因突变（genetic mutation）或者适应环境（adaptation to ecology）不再游泳或者丧失了游泳技能，这

---

① 黑天鹅原产于澳大利亚。

② 亚洲狮是曾经分布在从伊朗到印度的狮子亚种，由于人为原因在很多地区已经灭绝，仅印度古吉拉特邦还有几百只。

个命题还是正确的么？所以，奎因的思路无外乎如此，也就是分析哲学中绝对的命题判断并不能完全绝对，而只有针对特定条件在特定时空位置中出现的特定个体针对性描述才能够解决这个问题，比方说奎因提到的丛林语言学家在部落中了解当地人如何表述"兔子"这个过程，这种方法就是科学方法，是经验的、实证的、特定的、可以修正的。因此，科学方法更实用和接地气，比教条式（dogmatic）的哲学简化认识更灵活、更开放。总之，奎因自然化认识论包含了三个必要的组成成分：哲学，作为心理判断的最终目的，是形而上式的抽象；科学，具体并且和描述对象匹配，因此用来挽救哲学的瑕疵；语言，作为表述工具，同时与思维和客体并行，用基于科学的语言来修正基于哲学的语言。因此可以看出，语言在奎因自然化体系中的作用，既可以表述自然化认识论的思想，同时本身也可以作为哲学和科学的桥梁或调节者出现。

如前所述，奎因的自然化体系来源于自然主义思想，也就是维持科学的实证地位，并且把哲学也引入这个范畴，使二者兼容。奎因体系中有两个重要的成分：物理主义和心理主义。物理主义对应的是科学，因为科学研究发生在独立于主观世界的经验范畴内，因此是引入认识论中的元素；心理主义对应的是哲学，因为思辨性发生在纯心理领域，因此是认识论自然化的对象。那么语言，就是两者借鉴的工具，蕴含在两个过程以及二者相互转换的过程中。语言在物理主义和心理主义互动体系下扮演着非常重要的角色，在物理和心理表述的同时，也反映了哲学和科学的认识本质，促进了客观到最终认识的深入理解，因此研究与语言相关的物理主义和心理主义，以及在奎因语言哲学体系下二者借助语言的本质和特征就显得尤为重要。

一、定义

前面已经探讨了"物理主义"和"心理主义"这两个概念，是从本体角度理解两个术语一般性的定义和内涵，对概念进行解读（ontological definition）；或者说"物理主义"和"心理主义"是作为一般性的哲学概念（philosophical terms in the general sense）来认识，因此两个术语是存在于"奎因自然化认识论"体系下隐含的两个重要组成部分，是奎因所倡导的自然认识的依赖工具。在一般意义上，物理主义是奎因哲学认识自然化的依据，就像"北极熊是水生动物"这个分析性的哲学命题（analytically proposition for the philosophical purpose），如果没有物理性实证方法的应用,没有生物学家切实在特定的北极地区实地研究,没有所有那些物化过程或者实验手段,此命题就无法肯定和纠错,这就是奎因物理主义的内涵。这就意味着,在哲学思辨以及研究中,奎因推崇科学性方法的引进以及哲学在科学上对真理/知识本源的回溯,这就是奎因"物理主义"的内涵,至少在其哲学论述中可以推导出这个词汇。而在奎因体系下,"物理主义"不能独立存在,其中一个原因就像前面所讨论的那样,任何客观存在必须有一个意识参与者,没有人类的意识,就没有客观的存在。这就意味着客体在其自身可能有意义,但就观察者(from an observer's perspective)来说,其意义是他定的。心理是认识的主体,是就人类自身角度而言所有认识的主体。因此,心理问题是奎因不能规避的一个重要的方面,无论人们如何追求客观性,无论奎因如何狂热地需要物理上溯(语义上溯),都无法否定心理世界的存在意义,都需要把"心理主义"作为与"物理主义"相互补充的概念加以理解。奎因的"心理主义"探讨主要是为了实现两个目的:其一,心理问题是物理世界的内在投射,在二者之间建立有效的逻辑关系会让人们更好地回溯那个知识或者理论的客观本源,这就相当于当人们看世界的时候需要从那个"心理之眼"(mind eyes)出发,沿着一条路径看到本相;其二,奎因心理问题的引进是强大的批判工具,这就意味着他否定传统意义上注重心理描写的哲学方法。心理世界会扭曲客观世界,因此对经典心理学的批判就是找到一个和物理世界兼容的心理学方法。

以上介绍了奎因意义下物理主义和心理主义的内涵和意义,本研究所探讨的是在语言学(相对于哲学)体系下二者的概念和内涵。这个视角是重新解读奎因认识论观点和语言学观点之间的关系,揭示其哲学和语言研究中的潜台词,因此所指的"物理主义"和"心理主义"是在语言发生关系时两者的内涵和外延,因此其定义自然与语言这个催化剂发生联系。

在语言学体系内,"物理主义"是自然主义的语言学思想,指语词所指代的客观对象,或者语词所组成的科学话语(scientific discourse)所描写或者阐述的对象,就像"太阳"这个词汇外连到太阳系(solar system)中唯一的恒星这个过程,是语词匹配客观对象的自然过程,这个过程只有与物理世界发生联系才有效;而科学话语指那些能够表述科学概念的陈述,或者是用语言表述的科学定律(linguistically mediated scientific law),如"氢和氧结合成水"这样的表述。科学话语不仅有语词的外连功能,更有语词所不具备的更多知识和信息,包括一些物理性场景的联想,如化学家在实验室中实验、观察和搜集数据的场景。就是因为科学话语丰富的物理内涵,与之相关的命题就成了奎因研究的焦点。而在语言学体系下,"心理主义"不同于心理语言学的研究内容,尤其在奎因语言学体系下,"心理主义"指在理解世界时的真实心理过程,不仅是科学话语产生的工厂,也是哲学目的认识论的最终归宿。在语言学意义上,语言是根据客观经验生成命题陈述的孵化器,像"氢和氧结合成水"这样的命题,只有经过心理加工才能够产生语言输出。同时,心理性也是认识修正和批判的主体,根据奎因的思路,对一些命题的心理性反思然后结合客观证据的重新修改才能获得最终正确的语言性哲学表述。

二、二者关系

在语言学研究角度,物理主义和心理主义是奎因语言思想核心的组成部分,是相互转换(inverse shift)的两个部分,是以语言为媒介的奎因自然化认识论必不可少的成分。先来看心理主义,借此奎因重提了语言学中语词所指的对象投射到心理世界的实际情况,也就是本体的相对性:感知数据的心理演算虽然来自客观场合,或者说把经验作为基础(empirically grounded),但是最后的理论语言却是主观性的。这和人们的认知不足相关,这样有的时候就无法正确解读客观对象,奎因的"极端翻译"理论如 gavagai 翻译的例子,强调翻译的不确定性,造成无法把英语词汇和土著语词汇进行精确匹配,原因在于指示对象在时空维度是不确定的,"这样的资料只有在经验或者刺激达到最大数量的时候才能解开土著'意义'"(奎因,1960)。显然,语言之间基于主体相对性的转换不是一件容易的事情,而是需要大量语境下的提示,意义需要参考场景,对应场景人们在演算意义的时候,心理活动绝对不是逻辑式的。这体现了奎因心理学思想,也就是心理不能自我构建,需要外部输入比如刺激的投射,才可以形成良好的认知机制。总之,奎因体系下的心理官能不是一个精确的解释系统,受很多客观因素制约,因此分析命题在心理学角度的存在价值就要打上问号。分析命题的心理演算机制最后仍然要受客观条件制约,所以奎因的心理主义思想就变成了经验科学,不断地和物理主义相互转换交替解决语言和哲学问题。

转换是奎因强大的认识工具,用来把偏心理性的哲学转换成偏物理性的科学,用来反对形而上学或者第一哲学。根据奎因物理主义思想,偏向分析的哲学或多或少具有经验性,那么哲学理论像科学理论一样,所论证的依据是客观的,应该出自实验或者观察,正像"鲸是哺乳动物"这个分析命题,其意义需要还原到客观世界去检验。这里应注意,作为标准的语义学命题,"鲸是哺乳动物"既是哲学命题也是科学命题。原因显而易见(self-evident),命题既是理论也是现实,或者说是抽象的命题同时也反映客观的具体情况。所以,语言学意义上的物理主义,意味着语词或者语句(语词的集合),正像奎因其他术语如"数字(number)、集合(set)或者函数(function)"一样,是表述客体的,而不是纯形式逻辑范畴内的自主符号体系。奎因的物理主义是严格意义上的"物理主义"(physicalism per se),等同于"唯物主义",主张只有感知到的物理实体才是客观存在。同时,奎因的物理主义思想又是最广义的物理主义(all-encompassing physicalism),兼容抽象程度上的各类存在,包括语言和思维。这就意味着物理特性渗透于世界每一个角落,决定其属性的是物理差异:"世界上如果没有微观物理状态的分布,也就没有任何存在的意义"(奎因,1981)。语言承载着物理事件或者运动的信息,通过编码客观信息把后者贮存以及还原,就像"鲸是哺乳动物"这个命题一样,所反映的是客观种类以及其隐含的各种事件,甚至包含与之相关的人的行为和关联,这就是语言物理主义的本质。

物理和心理的相互转换,功能上是奎因尝试在认识论框架内把知识和理论从概念范畴(conceptual domain)转到经验范畴(empirical domain)的依据,也就是"自然化认识"需要完成的任务。在概念范畴内,无法构建精确的科学语言或者哲学判断,这是物理世界的不确定性造成的。由此,分析命题和综合命题的区分就没有意义,没有任何一种命题不需参照客观现实就能完成概念上的简化,每一个命题反过来都应根据物理场景进行意义构建。

三、二者统一

奎因的哲学和语言学思想是心理主义向物理主义转换的思想,一方面,没有纯粹的语言命题,所有句式都具有物理属性(physically based),意味着语义学应该放到经验科学的范畴进行理解。正像奎因所希望的那样,当人们分析命题的意义时,应该有"语义上溯"。语义上溯是奎因本体承诺的实践,与分析哲学作纯粹的概念分析相反,意义应追溯物理现实,这是因为任何一个语词或者语句都有一个客观匹配,同时追溯的目的在于后者的不确定性。另一方面,正像"北极熊是水生哺乳动物"例子中,命题描写对象本身是不确定的,需要具体问题具体分析,而不能概念化和绝对化。在认识物理化的同时,奎因的心理主义也是其无法回避的问题。一方面,心理构建是认识论的必要成分,否则哲学无法存在;另一方面,认识论下的心理学思想需要改革,需要引入"自然主义"这一概念,引进的目的是让心理世界和物理世界兼容。在这一点上,奎因是感官心理学家(sense psychologist)。他不太关注认知领域内部的心理过程,而是感知层面上所发生的事情,因为感知才是认识的关键。奎因的心理主义强调人的大部分知识都是靠刺激构建的,基于观察和感知数据的输入,因此没有必要区分"鲸是哺乳动物"和"鲸对人是友善的哺乳动物"这两个命题,二者的意义或多或少基于观察上来的感官刺激。

奎因的心理主义和物理主义之间的转换表面上看似乎是把两个矛盾的领域并列在一起,实质并非如此。原因正像开始所述,心灵世界和客观世界属于两个独立的世界,因此心理学和物理学就属于两个不同的学科,前者是以人为本的研究,进入的人的行为和意识层面,知识和理论是主体构建的。在语言学领域,涉及人心理问题的就是"主观性"(subjectivity),在语义学即为"可能世界"的理论,或者在认知语言学中所提到的"心理空间"(mental space)理论;而对应的物理学偏向"客观性"(objectivity),是基于规则和精确的,这就与可变的心理世界产生了不一致性。为了解决这样的矛盾,奎因引进了"观察句"概念,这样就调和了心理和物理的矛盾。其内涵就是概念结构应追溯观察本身,迅速捕获那些即时刺激(immediate stimulations)。通过调和,奎因就获得了心理主义和物理主义结合的认识体系,在该框架内,二者不再分离和对立,而是兼容,如图7所示。

心理主义和物理主义为两个不同的力(force),而自然化认识论就是二者的合力(resultant force),是两种力量相互竞争妥协的结果,这个结果就是一个"竞争模型"(competing model),模型里兼容了同时起作用的两种元素。

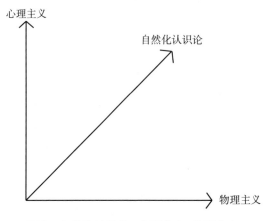

图7　自然化认识论＝心理主义+物理主义

　　总之,在哲学和语言学框架内,奎因推崇同时考虑心理和物理的研究方式,前提是前者一定要变成经验科学。由于添加了经验科学这个标签,他在两个主题内自由转换变得非常容易。"容易"的意思是因为心理学用来摆脱形式化的方法,不再独立于客观世界自我构建,反过来使其反映客观经验,这样两个互相分离(detached from each other)的领域就打通了通道,毕竟心理世界不仅具有存在功能,也有镜像功能。通过镜像,可以看到心理之外的客观世界,这才是奎因刺激意义以及自然化认识论观点有效性的根本依据。

第三节　物理主义

　　语言物理主义作为认识的来源具有讨论的优先性,在奎因的自然化体系下既是认识的源泉,也是认识上溯的对象。在物理主义这个意义上,可以看出奎因自然化认识论和传统认识论的本质区别,后者缺乏这一选项,因此是形式化或者形而上的。奎因的物理思想在哲学领域是革命性的,其意义是把这个学科引入一个虽然实用但是非常有效的认识领域,好处在于解决传统那些认识的不足,比如完美的语义系统有时候无法被实际语言现实所证明的问题,就

像那些语义和语法完美的句子却没有意义一样。作为示例,看一下乔姆斯基举过的英语句子:

Colourless green ideas sleep furiously.

此句中,除了转换生成理论的解读,也可以在物理主义框架下理解。这样的句式有大量思维内部加工的痕迹,通过类比方式与客观世界发生联系,但是无法追溯某个具体的物理存在。所以,奎因物理主义思想在哲学和语言学领域的应用就是有效地辨别哪些陈述是脱离客体的,哪些是和客体相连的。对奎因而言,两者区分不是非此即彼的(polarity-based distinction),而是基于梯度的(degree-based distinction),方法就是与客体的远近所造成的物理性刺激。乔姆斯基例句是非常极端的语言例子,只有修辞效果,所带来的物理刺激相对来说程度很低,需要更多的心理演算如类比或者寻找对应的词汇匹配来完成。类比是把非生命的(inanimate)对象看作类似人这种生命(animate)形式,匹配是在大脑词库(mental dictionary)里面搜索"人"这个概念。类比和匹配过程也是语义上溯过程,是弱化的物理语义上溯行为(weak physically based semantic ascent)。奎因语言学体系对诸如此类句子的解释能力解决了传统语言和哲学方法解释力的不足,因此打通了主观世界和客观世界之间的通道,使认识渠道更加畅通,认识体系更加连贯。

语言学中物理主义源自作为哲学和科学意义上"物理主义"本身这个概念,是借助语言实现认识自然化的一种方法。同时语言物理主义思想属于语言自然思想的具体表述,语言自然主义把语言放到经验科学中进行理解。经验学科一般用物理学所代表①,所以语言自然思想就是把语言放到物理框架下加以阐释。如此,奎因的语言物理思想就成为强大的认识论工具,借助物理这个学科解释哲学认识和语言意义。自然思想推崇普遍性(universalness),那么奎因的自然思想就是尝试在解释哲学判断和语言意义的时候借助于普遍和不变的物理法则(universal and exceptional laws of physics),"他运用物理主义的重要性基于合理的经验推测:能够找到充分的物理理论来解释他所涉及的

---

① 笛卡尔认为物理学是自然科学的代表,很重要的原因在于前者研究的对象是最广义的自然。

领域"（希尔顿，2007）。物理学是经验科学，本质上与数学不同，因此奎因的认识论方法与基于后者的传统方法有显著区别。物理学允许差异性和不规则性，因此和数理方法相比是检验语义命题或者科学话语的有效工具。物理学需要根据客观实际不断修改定理，其借助命题的表述同样需要不断修正，就像意识到了"狮子是栖息地在非洲的食肉动物"陈述有瑕疵，所以需要添加修饰词对句子进行修正：

非洲狮是栖息地在非洲的食肉动物。

通过物理性的描写，奎因借助语言学解决科学的谜团，告诉人们什么是最好的科学方法，即"科学方法的一般性问题：是如何提出全面覆盖科学理论问题"（奎因，1974）。对奎因而言科学问题就是感知问题，是那种能够使理论符合人们感知习惯的语言表述（language catering to perception）的一般性问题。因为感知的不确定，所以需要不同的句式描写客观现实，就像关于和狮子相关的陈述需要不断修正一样。

一、理论语言的语义上溯

在奎因的语言学体系中，有一个与其自然化认识论相契合的理论框架，也就是认识论的修正借助于物理学思想，向经验科学看齐；而自然化实践是从语义学入手，从语言的习得以及使用看待哲学的现实问题，推理出语言表述的科学属性。奎因所代表的物理主义观念与社会和行为观念相契合，广义上，社会活动和人的行为也是自然事件，具有物理性的意义。所以，在奎因体系中语言行为和物理事件相互关联，精确描写了从客体到本体再到语言的全部过程。物理性的数据需要靠社会活动和人的行为分析完成，没有行为主义和社会活动参与，纯自然发生的各种现象比如非洲狮的生物性行为或者火山喷发就缺乏一个观察者（个人行为）和传播者（社会活动）。

无论是客观数据还是行为判断以及社会传播，都基于人类最基本的认识方式。这个方式自有"经验主义"观念以来就存在于人们的思想认识中：语言从经过思维筛选和处理的客观经验而来。在语言学上，这个观念体现在"符号/语义三角"（Semiotic/Semantic Triangle）理论中。三角理论第一次系统阐释了语言、思维（人）和世界的关系，不论是美国行为主义还是基于范畴论的认知语言学观点，都是这种理论的变相支持者。在行为主义角度，语言来自外部刺激,行为主义与奎因的物理主义稍微不同的是其物理学思想存在于语言刺激本身,而不是刺激所能追溯的物理实体。但无论如何,行为主义强调语言一定是靠语言外的因素才能生成。而基于经验主义的认知语言学观点最接近奎因的物理学思想,因为认知推崇基于经验的范畴化(experience-based catego-rization),不论是狮子还是鲸,都有一些客观实体,因此正像奎因的物理主义思想一样,范畴化正向生成范畴的同时也能从这个范畴反推到客观实体,比如狮子和鲸。

在奎因的认识体系中,"范畴"等同于"理论",在这里应该注意,奎因的"理论"不是一般意义上的由概念和判断所组成的集合,而是一个特指(specific reference),即借助感官数据处理外部信息以后所生成的关于这个客体的理念,因此相当于"范畴"这个认知术语。理论既可以是一个客体的理念,比如"鲸或者狮子",也是关于这个客体的理念,如"鲸是哺乳动物",所以内涵比"范畴"要大一些。"理论"需要"理论语言"表述,理论语言与客体发生关系,是后者心理投射(psychological projection)的衍生物。与认知语言学被动的范畴上溯不同,奎因要求理论语言主动地上溯,接受客观的检验。上溯的原因正像前面所提到的那样,是因为理论不可靠,其不可靠性是由感知不确定性带来的,后者是本体相对性的动因。奎因主动性上溯显然具有哲学内涵,科学是手段,这就意味着当我们作一个认识性的陈述判断时,这个命题是否正确显然还需要事后的检验,当然与研究对象如鲸或者狮子相关是最准确的,所以语义上溯自然指向了物理主义,把哲学引入经验科学才能实现认识的彻底解放。因此,如上所述,可以看到奎因自然化思想的根本原因,这是一种必然,同时也反映出哲学(认识目的)、自然科学(认识本源)和语言学(认识手段)三者的关系,它们统一到了奎因自然化认识论思想中。

二、客观数据

奎因的语言学体系,在物理主义这一方面,显然强调的是知识或者理论的外部来源。在这一角度,往往指那些独立于心智(independent of the faculty)的客体,也包含前面所暗示的那一部分。后面的情况就是广义的自然主义,一种兼容所有心智能够意识到的存在或者实在,包括意识本身,因为后者也可以是认识的对象。如此理解很自然地把心理学纳入物理学,成为一个分支对待。

这是奎因的做法,本意是使认识自然化,或者说心理学物理化。此外,还有一个很重要的原因,之所以心理学可以成为物理学的分支,就在于意识本身也是意识的对象,所以研究心灵也等同于研究客体,至少在"存在性"(existentialism)观念上是这样。物理学研究对象就是存在,而且是广义上的存在,能够允许自然主义包含尽可能大的种类范畴,包括那些非实体存在。因此,自然化认识论除了奎因所暗指心理概念体系需要物理上溯之外,同样也包括本研究所指的心理现象也是物理存在的观点。

奎因的自然化认识论是狭义上的物理主义,凸显物理现实这一概念,与心理现实相对。奎因的语言哲学思想是从客观现实出发,也就是从物理意义上的客体存在出发,即独立于人的认识客观实体,并且是认识的来源。这些实体就是"物理数据",通过此概念奎因继承了语义学上指称论的观点,把语词与非语言的外部经验联系在一起。在语言学角度,客观数据即人类非语言的外部经验,也就是"符号/语义三角"中的"所指对象",比如"鲸"所指的特定物理环境下水生哺乳动物(aquatic mammal),或者英语单词 sun,指向太阳系中唯一的那颗恒星。客观数据是语言的外延部分,超越精神世界的客观存在,因此是本体性的,是"存在"。"存在"(to exist)和"证伪"(to falsify)互为补充地决定真理的方式,前者是后者存在的依据,没有存在,就没有知识,自然就无须证伪。因此,判断科学性除了是否能够"证伪"的同时,也不能忽略存在这个对象的"属性"。

"客观数据"是数理术语,特指一个客观实体可以被称量所得来的数据,指向客观存在本身。奎因的心理和物理之间的转换实际上就等同于语言与客观实体的匹配性,其心理指向物理,也就是语词(linguistic word)指向语词之外的人类经验(nonlinguistic world experience)。这个经验即"客观数据"对象,也即奎因的"物理数据"。之所以喜欢用"物理数据"这个称谓,是因为奎因推崇哲学科学化这条研究路线,用"物理"这个术语可以很好地代表自然科学思维,不仅包括理论,也包括实践。物理数据的引入代表着哲学摆脱了教条或者教义的束缚,真真切切地变成了经验科学。事实上,物理数据的引入暗示着实体或者物体与人们感官有着自发的互动,后者投射到感觉器官中,成为心理知识或者理论的真实来源。认识是基于物理数据的心理过程,那么心理学自然也是科学化的产物,是奎因科学哲学的很重要的一个部分。可见传统把心理学作为自主存在的做法是思辨哲学的一种方式,其最大的问题就是忽略了知识或者真理的客观来源,只会成为纯形式化系统。在了解真实的客观世界上,也就是独立于人和意识的世界上,没有任何帮助。奎因恰恰意识到这个问题,在心理性不变的情况下,大胆引入物理数据进行判断,同时适当回溯,使人们能够获得完整的对世界的了解,既包括精神世界,也包括物质世界。这才是自然化认识论的本质,也是心理性和物理性相融合的原因。

三、"丛林语言学家"的例子

为了更好地阐释物理主义,奎因最典型的例子就是"丛林语言学家"的故事,充分代表了物理数据在认识过程中的重要作用。"丛林语言学家"是一个身份辨识,是奎因为了有效说明语言和实体的关系所举的一个例子,证明本体相对性和本体承诺的认识依据。作为一个名词短语,"丛林语言学家"不是特指(specific reference),而是泛指(general reference),是一个集合的概念,即任何进入丛林考察原住民(aboriginals)文化和语言的人类学家或者语言学家,是具有科学献身精神的那样一群人。并且,"丛林语言学家"可以通过类比的方式(analogically)内涵进一步扩大,也可以说成"海边鲸类科学家"(beachcetacean scientist)或者"北极北极熊科学家"(polar bear scientist)。无论是哪一种,实际上都是指奎因所倾向的科学过程,指人们认识的实际来源,也就是客观经验性的来源。在这里,科学过程是自然化认识论的本质过程,包括认识对象,比如"原住民、鲸类以及北极熊",也包括认识的物理场景,如在特定时间里面所涵盖的感官过程,包括"丛林语言学家的语言和手势,以及特定场合有具体形状或者大小的鲸和北极熊"等,最重要的一定要有认识手段,也就是"语言学家对土著人语言的录音和现场分析、对具体的鲸或者北极熊的解剖"等。这涉及科学知识来源方式,也就是语言和理论可以追溯到的最原始部分。像"鲸是哺乳动物"这样的命题所能追溯的最初经验性证据(empirical facts),无论是专业认识判断(technical know-how)还是非专业性的判断(folk knowledge),均反映科学过程。在后者情况下,可以想象在日常生活中经验性判断所形成的常识,比如第一个看到蝙蝠(bat)的人,然后说"蝙蝠是鸟"。这样的判断虽然有瑕疵,但同样是经验性的判断,证明了语言上溯对理解知识和理论来源的重要性。

"丛林语言学家"与"海边鲸类科学家"或者"北极北极熊科学家"不同的是,奎因用这个术语主要解决的是语言学问题,当然与后两者具有相关性,都是为了达到科学性这个目的。丛林语言学家,在奎因的假想中,和当地那些仍然处在原始社会的人进行交流,学习和研究他们的语言。正像前面所述,当周围跑过一只兔子,而当地人发出了类似于 gavagai 这样的声音,语言学家于是就把这个词和兔子进行了匹配。但是这种匹配是不可靠的,正像早期欧洲人到了澳洲,因为没有见过袋鼠,就问当地人这种动物是什么,当地人发了一种声音,于是新来者就把这种声音和袋鼠进行了匹配。当然,后来人们知道,土著人说的语符意思是"我不知道",最后只能约定俗成,用 kangaroo 这个发音代替"袋鼠"。

"丛林语言学家"的例子很好地解释了奎因物理主义思想,其隐含的逻辑就是当语词和客观对象进行匹配的时候,心理性的认识是不可靠的,必须通过语义上溯的方式还原客体真实的本质和属性。在语言学方面,需要做的就是建立自然化的命题构建体系,从语义分析上帮助科学家在发现客观现实的时候作出正确的认识判断和语言表述,这是自然化认识论中语言学的责任和义务。

第四节　心理主义

与"物理主义"对立并且互补的概念是"心理主义",是奎因语言哲学思想中不可或缺的一环,是其自然化认识论、心理学科学化以及语言理论的重要部分。"心理主义"作为一个术语,显然把"心理学"作为核心关注对象,在范畴上研究或者处理从感觉器官开始到包括意识层面这个部分的所有精神体验,是认识发生和知识以及理论形成的加工厂,也是所有那些基于简化或者分析后所产生的知识记忆贮存的仓库。与心理学相关的就是心理性,是以人为主体的,尤其是单个作为观察和思想的个体存在。在这里,心理主体是一个物理实体,是承载意识器官(心理器官)的容器,后者不仅通过意识传导指挥人们的身体进行各种机械运动,也就是动觉运动(kinesthetic motions),同时也控制感官和意识活动,形成了思想,也构成了"心理性"。

"心理主义",作为一个理论和专业术语,事实上反映了人的心理能力。只要有思维,就有心理活动(psychological activities),甚至有高级的心理活动。在后者意义上,从古希腊开始,人们一直对人的心理性产生好奇,同时孜孜以求认识。在认识角度,出现了很多观点,其中一种把心智作为至高无上的对象来理解,在这里较早地涉及心理学的哲学家就是柏拉图,其"精神至上"(崇高理想)的哲学理念奠定了人的精神高贵性的基础。"精神至上"就等同于"人是跨越物质的精神存在"。虽然没有把对思想的研究系统化,柏拉图还是奠定了心理学的雏形;系统化工作由其学生亚里士多德来完成,他从学科角度奠定了"心理学"这门学科。亚里士多德主要从理性和逻辑角度理解人的心理,此种古典心理学类型仍然把人们的意识和精神放到纯思维层面,因此可以统一归类到"心理理想主义"(psychological idealism)类别上,因为没有对认识和客观对象的关系作专业探讨,仍然强调自主的心理过程。真正专业意义上的心理学就是近现代心理学,这个门类不仅使"心理学"成为真正意义上的一个学科,更重要的是将其变成了经验科学。显然,奎因的心理学中的心理主义思想延续后一个传统,并且让心理学走到了经验科学的极致。

奎因的心理主义思想是理解其哲学和语言学思想的关键,与所有传统心理学最大的不同在于,他的理论不仅像近代实验心理学或者美国行为主义那样运用经验科学手段理解思维属性,或者用物理学的方法理解人的心理,更重要的是尝试把心理学变成和物理学并列的自然科学,这样心理学就有了和自然科学并重的地位。事实上,奎因的心理主义思想可以摆脱与物理性之间的矛盾,如果仅仅考虑主观世界和独立于主观世界的客观世界是两个世界的话,那么心理性和物理性显然处于非此即彼的二元世界;但是如果把心理世界作为客观世界的反射镜面来理解,显然二者是联通的。奎因的心理学显然是和物理学相洽的体系,可以在主观和客观世界之间相互转换。一元性首先应该肯定心理的现实性,也就是与亚里士多德对立的"心理现实主义",这显然是从心理应该屈从于客观世界这个事实来理解。

总的来说,奎因的心理主义继承了现代经验心理理论成果,在理论上走向了极致:不仅承认心理世界的物质性;同时把后者作为圭臬,这样心理主义与物理主义并行构成了奎因的自然主义思想。在语言学意义上,奎因心理主义思想要求承载命题或者理论的语言首先承担起认识论的使命,通过后者的分析以及逻辑判断来确定真正的客观知识,排除错误的客观知识。对于奎因而言,作为信息的第一和外显渠道,认识的判断就等同于语言的判断,客观上溯就是语义上溯,后者是最简便的认识检验渠道,因此对本体承诺而言扮演着最简洁、最直观的角色。

一、感官数据

在心理学角度,"感官数据"自然就是与"客观数据"相对应的概念。"感官数据"同样来自客观实体,这是在经验科学范畴内的理解。但与"客观数据"不同的是,感官数据是感觉加工的产物,因此所发生的区域即人们的主观领域,从感觉器官开始,一直延展到大脑中枢。信息心理性和生理性的过程是比较专业的问题,在这里其机理不再继续探讨,而是从认识论和语义学角度阐释其哲学和语言学意义。"感官数据"也称为"感知数据",特指感官尤其是视觉所捕获的关于外部世界的信息,比如关于"鲸"或者"北极熊"的感觉数据。事实上,这些数据是认识最原始的信息来源,需要投射到人们的意识层面,也就是心理内层(internal layer of psychological domain),经过概念加工和演算才能成为理性知识和判断的输出。经过心理加工的感知数据是最接近客体的数据,而在视觉层面上的投影是意象式的(imagistic),只是人们感觉的一个部分,还不能成为理性的知识和理论,更不用说用语言来表达。因此,可以看出,心理世界的层次性是由外部逐渐向内部变得清晰的过程,只有到了内部,人们才有理性和思想,才能认识外部世界。但是,显然人类心理的优越性来自感觉器官最原始的工作,没有后者,人们就无法获得理性和知识。

奎因在心理研究中意识到了这个问题,所以把认识从内部挪到外部,在认识本体的过程中首先意识到了感知数据的重要性,因此从感知器官入手,探讨人类认识甚至认识论方法的有效性。从外层出发的好处在于,可以直接避免内部理性系统因为距离客观世界较远而形成的自主性,从而摆脱经验的自我构建。另外,更重要的一点是,从感知这个层面入手,相较于内部的心理层面更容易回溯客体本源,这就像在十米处看物体肯定要比二十米处看物体更清晰。因此,可以看出,奎因的认识上溯是从感知器官开始;而且从感知器官开始更能证明内部演算和推理是否正确,所以其认识论方法是以感知层面为中心,往回追溯客体本源,向前证明主体演算和推理。

在语言学角度,奎因的感觉数据或者感知数据体现在"刺激意义"这个概念上,这是奎因心理学中语言学内涵之所在。刺激意义决定了语言句型的分类,与传统形式分类不同,奎因按照刺激的远近对句型进行划分。无论怎么划分,每个句子都或多或少具有刺激的内涵。无论是在丛林中进行的田野语言调查(fieldinvestigation of language),还是在讨论时引经据典,都或多或少地运用了刺激给人们带来的语言知识。当然,前者中刺激达到了最大值,比如在"看,这里有一只兔子"话语交际中,显然讨论对象就在交际双方的视野中,刺激是直接的(immediate)和感官式的(sensorily felt);而其他,如"兔子是啮齿动物(rodent animal)"句子中,刺激较远,达到了梯度上的最小值,因此偏概念、远经验,因而是间接的(indirect)和心理式的(psychologically formulated)。当然,对奎因而言,后者仍然是经验刺激的结果,理性知识来自客观经验。事实上,奎因强调的是刺激本身,其目的是促使哲学和语言学研究在发展过程中不能忽略知识的原始来源,通过极端地强化客观经验的方式提升自然科学的重要性,淡化形而上思想的作用,达到准确的认识目的。

二、理论语言

奎因语言学思想以及哲学观点的最终目的就是认识论本身,当然是"自然化认识论",也就是把哲学变成自然科学以后的认识论。认识的目的是提供给人们关于世界的知识和真理,比方说"鲸是哺乳动物"或者"兔子是啮齿动物"这样的自然信息。自然化的目的是让这种判断不要作为绝对的真理或者知识存在,而是随着外界或者客体变化而产生的新的判断。在研究奎因思想体系的时候,应该记住这样的事实:奎因坚持的是"科学实用主义"(scientific pragmatism),意味着哲学应该追随科学,成为科学的一个分支,科学是现实的仲裁者(arbitrator)。在科学实用主义这一边,奎因又是激进的科学主义者,他认为科学就是自然科学(physical sciences)①,一切知识都可以简化成自然科学定理,因此他反对分析命题和综合命题的分类。显然,奎因在科学观点上走到了极致。在激进的科学观上,根据笛卡尔的观点,一切科学都是从物理学这棵大树上演化出来的,所以最标准的科学就是物理学,因此奎因的科学观也就是物理观,即"物理主义"思想。

统一的哲学和科学观点,或者"哲学科学"(science of philosophy)②观点,就等同于把哲学认识论判断等价于科学判断,因此"鲸是哺乳动物"和"自由落体加速度下落"具有等价性。事实上,关于鲸的论述恰恰也是科学判断,属于生物学领域,和科学定理(scientific law),即生物定理(law of biology)等价。科学化的哲学定理最后都归结成了语言陈述,在奎因理论框架下,是刺激意义的结果。而在自然化认识论的体系中,语言陈述仍是哲学判断的一个部分,奎因称之为"理论",不是一般意义上的理论,而是指从刺激而来的概念框架(final formulation of ideas)。奎因的"理论"不仅指一般意义上的"理论",而且着重强调在认识自然化以后的"理论"。这个"理论"(theory),也叫"理论内涵",即包含哲学的内涵,同时也具有科学内涵。因此,在任何一个理论体系中,无论是哲学、宗教还是艺术或者人文社会科学,无论离客体有多远,多么依赖概念分析(conceptual analysis),还是基于抽象,在奎因的框架理论体系中,都具有科学属性,因为或多或少地与感知器官所接受的外部刺激有关,与刺激的本体性来源契合。

奎因的"理论"是狭义上的概念,打着深刻的"科学"标签,尤其是由物理学所代表的经验科学的深深标记。所以,在处理语言问题的时候,奎因自然把语言学和经验科学建立起联系,前者和后者保持一致,后者是前者的发生动因。那么奎因的"理论语言"(language of theory)不仅有哲学和语言学内涵,更有科学内涵。"理论语言"具有经验特性,反映的是自然事件或者行为。首先,通过语言可以看出语言相关的对象(language-related persons)欲望和行为,比如"小明找了个小朋友在作业上代替家长签字"中,经验性的过程由行为

---

① 对应于温和科学实用主义观点,推崇"内涵科学"(intentional science),也就是不能简化成自然科学定律的科学。

② 与通常意义不同,指作为自然科学的哲学。

和欲望组成,这一部分构成了心理科学的内涵,即奎因科学化的心理主义思想;其次,语言所表述的是自然事件(natural occurrences),就像"昨天捕获的鲸是逆戟鲸",这里不仅有人的自然行为,也有人视角所观察到的自然事件。后者更接近自然科学所研究的对象,所以是奎因物理主义的一个部分,也就是极端的科学实用主义所代表的那个部分。

总之,奎因在坚持传统哲学认识论的基础上,强调认识过程应该有客观经验参照;同时,在这一点上达到了极致,致力于哲学和语言学的全面改进,目的是向自然科学靠拢。主客体的融合,恰恰是奎因心理主义和物理主义统一的结果。

三、主观性问题

与心理学相关的是"主观性"(subjectivity)问题,与"客观性"相对。在松散意义上,前者对应心理主义,后者对应物理主义。既然主观性是心理范畴属性,那么自然反映的是人的思想容器,也就是大脑的本质属性。主观性问题一直是困扰思想界的一个方面,原因就是前面所提到的"认识悖论":客观世界的属性以及数据在经过主观头脑加工后,必然产生偏差(distortions)。认识悖论导致了认识的相对性,是一切"怀疑论"的动因和本源。在经典心理学体系下,知识和理念是绝对的,是完美自我构建的结果。而伴随着现代心理学的发现,传统"绝对知识和真理"(absolute knowledge and truth)的理念受到了挑战,事实上,人们心智中只是部分地还原了客体知识,在最后的认识体系下有大量的主观成分。因此,心智塑造客体,而不是心智反映客体,这种特性就是认识上的主观性。主观性不仅体现在人们心理中,也通过语言来实现。在语言学角度,主观性意味着语言包含的是大脑信息,而不是绝对的客观信息。在此意义上,语言反映的是个体特性(disposition),而不是公共语言(public language)的一个范例。主观性语言意味着"简化主义"没有市场,人们只能转向"心灵主义"寻找语言所反映的思维本质。

主观性问题也是科学变革的动因,由于排斥了完美绝对的科学知识,人类进入经验科学时代,后者注重感官经验,因此针对感官的判断就成为现代科学发现的标准。在奎因的理论体系中,"刺激"是认识论的圭臬,而刺激意义就是语言主观性的实质所在。在"刺激"框架内,人类的知识体系是有条件的,不仅取决于客体这个绝对的对象,更取决于感官这个个体性器官。个体之间感官的差异必然在人们脑海中生成理念(也就是奎因的"理论")的过程中产生差异性,这在语言方面尤为明显,后者的语音和结构多样性为主观差异性提供了条件,比如认知语言学经常引用的两个英语例句:

a:The car crashed into the tree.

b:The tree was hit by the car.

两句是同义句,区别在于主动(activeness)和被动(passiveness)。认知语言学从凸显性(prominence)和注意观(attention)上理解二者的不同,事实上就是视角(perspective)的不同,前者把汽车作为观察对象,以一种动态的认知方式描述整个车在遭遇事故之前的完整运动过程;而后者关注的是树木,以一种静态的视角注意树木遭遇车子撞击所产生的心理感受。不同的视角就是不同的感知方式,造就了语言使用者在使用语言描述客观现实过程中不同的主观性。

在奎因的心理主义框架内,主观性这一概念得到了进一步强化。在哲学意义上,主观性就是本体相对性,人们的思维结构并不是一成不变的精妙系统,而是随着不同的时空参数变化而不断变化的认识主体,因此在获得知识和真理的过程中,往往获得的是符合人们个性或心智特征的知识或者真理,所以后者需要物理回溯或者"语义上溯",以求相对的认识符合绝对的客观世界。在语言学意义上,主观性是刺激意义的产物。由于每个人都有自己独特的感觉系统,所以外部刺激同样是相对的,因时空参数发生变化而变化,这就是奎因重新对句式划分的原因。在"刺激"概念下,句式应根据刺激的远近回溯其所反映的经验世界,这样就避免了"理念"(分析句)和"经验"(综合句)这样非此即彼的二元论语义学思维,通过意义的经验回溯,人们更加容易接近语言所反映的客观世界的真实样貌。

第六章　自然化认识论:语言习得视角

　　这里主要涉及奎因自然化认识论和本体相对论中的自然主义理念,尤其在物理主义和心理主义交叉视角内部语言所扮演的角色或者所起的所用。在整个奎因研究体系下,所要完成的是"认识论"标准和方法这个终极哲学目标,尝试对如何理解世界提供基本思路和方法。这个思路就是"自然主义"思想,建立在经验性的认识基础上,或者自然行为这一观察对象上。总而言之,奎因的认识观点是纯自然主义的,是以自然客体作为认识的唯一对象,因此把自然科学,而非内涵科学放到了哲学的核心位置,力图摆脱形而上学或者形式化方法的束缚,还原真实的客观存在。奎因的思路是以客体为绝对的参照,这样关于世界的知识和理论自然来自这些观察对象(subject of observation);同时把知识和理论通过上溯到本源的方式来检验过程和结论(process and conclusion),这就与传统分析哲学概念分析的方法有着本质的区别。对于奎因方法而言,后者属于形式逻辑判断,只对语义的有效性负责,通过分析句型的字面意义来与真实的世界匹配。这样,概念分析就缺了关键的一环,也就是客体对象本身,这恰恰是奎因所推崇和强调的。

　　奎因是哲学家,其研究放到认识论这个哲学分支上,实际上解决的是知识和理论来源的问题,也就是"知识如何习得的"(how knowledge is acquired)这个问题。在这一点上,奎因与传统哲学的观点没有什么不同,也关注知识的获取过程,只不过在视角和方法上存在其独特性。在语言学意义上,"语言知识是如何获得的"(how linguistic knowledge is acquired)这个问题是哲学认识论在语言学领域的具体表现。现代语言学被列入自然科学,这在美国学术环境下尤为明显。科学的目的是发现,那么语言学自然是一门需要了解语言本质的学科,力求解释的充分性。发现结果就是知识和理论,所以语言学同样实现哲学目标,这个目标就是语言习得问题,也就是在语言学角度建立解释机制演示人们的语言知识是如何得来的。语言习得过程在语言学这一方面等价于哲学的认识过程,除了观察特定语言知识的来源,力求知识的一般性。如下面的例句:

北极熊生活在北极。

在这样的句式中,人们关注的是关于北极熊栖息地这样的地理信息,建立的是北极一直到北极熊栖息地这样的关联信息;同时也像哲学一样,关注这个句子里面的信息是如何获得的,如最初探险者在北极的发现,以及对北极地区在纬度上的定义(definition of arctic relative to latitude)。后者就是哲学认识论所要解决的问题,涉及一般性的知识或者信息是如何来的;同理,在语言学领域,涉及语言知识是内省(introspection)的还是外部刺激(stimulus)这样的问题。二者就是奎因所关注的方面:知识从哪里来?获得知识应该把什么作为本源?另外上述提到北极熊的例子恰恰与奎因的思路契合,在关注北极熊这个物种时,所涉及的是自然知识。后者是物理性的,与具体场景下客体存在(北极熊以及周围生态环境)以及人的自然行为(观察以及实验这些过程)有关。在奎因的自然主义框架内,人类的语言习得是自然习得过程(natural acquiring process),其来源是自然客体或者过程(natural events or occurrences),而且感官感知以及心理演算也是自然性的。前者获得感官信息,而后者用来处理这些信息进而形成知识或者理论。自然语言习得过程是心理过程,但根据奎因的理解,这个过程同样是自然过程,可以简化成物理性的活动,因此,语言习得过程也体现物理性和心理性相契合的现实,条件是这个语言习得过程是自然性的,是自然语言习得过程。

第一节　自然语言习得过程

"语言习得"在奎因语言学框架内可以理解成"自然语言习得"。"自然语言习得"(natural language acquisition)是"语言习得"(language acquisition)在奎因自然化认识论语境下的具体表现,后者来自心理和认知语言学的基本假说,尤其在心理语言学体系内,"语言习得"是研究如何获得语言的过程,是与"语言解体"(language dissolution)相对应的过程。"语言解体"又称"语言障碍"(language disorder)或者"失语症"(language aphasia),是与"语言习得"相反的心理过程,指由于衰老(senility)或者大脑损伤(cerebral impairment)语言突然或者部分消失的现象,既可以是大脑局部的,也可以是完全的。在"语言习得"和"语言解体"之间有着另外两个相对应的语言心理过程:"语言加工"(language production)和"语言理解"(language comprehension)。前者是语言使用者视角的语言心理过程,后者是接受一方的语言接受过程。

在本研究语境下,语言习得是讨论的焦点,原因不言自明:语言习得和哲学认识论所经历的发生过程具有类比性,二者都涉及如何从对象到关于对象的知识问题。事实上,这恰恰是奎因关注的焦点,他和乔姆斯基关于语言习得问题曾产生过争论,可见语言知识来源是一个令人费解并且本质性的哲学问题。

心理语言学意义上的语言习得特指一个孩子从出生一直到获得完整的语言(linguistic proficiency)过程中如何获得或者掌握一门语言的过程,通常有两种观点:行为主义习得观(nurture-based acquisition)和心智主义习得观(nature-based acquisition),分别由奎因的刺激反应理论和乔姆斯基的刺激贫乏观点所代表。奎因的观点与行为主义观念一致,这正是他被称为"行为主义者"(behaviourist)的原因,行为主义构成了其心理性判断的基础,对自然化认识论而言不可或缺。没有可观察到的行为,就没有经验性的物理判断。奎因所推崇的行为主义认为语言知识来自外部输入,也就是刺激,通过这种"刺激……反应"(S……R)①的不断强化过程(enforcement process),人们获得了某种语言习惯,或者说语言是"习惯形成过程"。对于语言习得而言,一般分为"第一语言习得"(first language acquisition,FLA)和"第二语言习得"(second language acquisition,SLA)两种,前者指母语或者第一语言的获得过程②,而后者指在获得母语或者第一语言之后学习第二乃至第三语言的行为。习得分类是另外一

① S:*stimulus*;R:*response*。
② 比方说中国父母在美国生的孩子习得英语的情况。

个问题,在这里不再赘述。

自然语言习得作为本研究的概念,是符合行为主义习得观的语言习得理论,进一步而言是在奎因自然主义体系下我们如何获得语言知识的习得观点。在行为主义角度,语言的获得依赖客体以及客体存在的语境,比如玩具在场的(toy in presence)情况下教婴儿关于这个玩具的词汇。所以,自然语言习得包括两个重要的条件:首先,客体本身以及客体所处的物理环境。① 其次,自然语言习得必定是通过感官的感知行为完成,就像婴儿在习得玩具词汇时所参与的视觉,这非常重要,是词汇获得以及概念形成的关键。在奎因思想体系下,自然语言习得强调"刺激"这个关键因素,也就是行为主义所理解的"输入"(input)这个概念。刺激连接了语言知识和客观现实,决定着人们的心理架构如何构建客体,最后通过语言进行输出这一过程。同理,在奎因的刺激论中,婴儿在习得过程中心理过程与物理现实联通,前者根据后者的结构进行建构,这就是奎因自然主义思想中语言习得过程的内涵。

一、物理主义到心理主义的转换

奎因的自然化认识论是从物理领域到心理性领域的转换过程,因此是在自然主义标签下心理主义和物理主义相结合的结果。就本质而言,自然化认识包含心理领域的知识,而后者是从物理领域的实体而来。这就等同于这样的观点:自然化认识过程是物理领域向心理领域转换的结果。同理,自然语言习得经历相同的认识过程,同样是从物理领域向心理领域转换的过程。在自然语言习得过程中,"自然"追寻的是行为主义路线,而放弃乔姆斯基为代表的心智主义。后者的问题在于语言知识没有客观所指,而是内省后生成的。奎因的语言习得观点也包含"物理主义"和"心理主义"两大核心内容,在语言这个领域,知识或者理论是以语言为媒介(linguistically mediated)的产物,是辅助自然化认识论的。首先,在心理性角度,语言指称功能(referential function)是本体相对性的体现,感知数据的心理演算是完全基于客观经验的,没有客观经验参与的心理演算无法生成语义学上有意义的句子(semantically meaningful sentence)。同时,语义学上有效的语言表述与人们的感知习惯有

---

① 狭义上的社会文化语境。

关,后者决定感知数据的形式。奎因认为:"这样的数据指本土'意义',是来自刺激多样性以及最客观经验的'意义'。"(奎因,1960)意义的相对性等同于意义的不确定性,原因是人们无法精确地匹配语词和实体的关系,就像土著语 gavagai 与附近跑过去的动物的关系。在心理主义角度,语言知识或者命题中的述题意义(propositional meaning)是与语境和行为相关的(contextually dependent and behaviour-related),因此语言逻辑应该完成语用学目的而不是语义学①目的。述题结构由数据驱动(data-driven),而非概念驱动(theme-driven)。在奎因心理学意义上,"数据"指感官数据,也就是与感知对象相联系的感官经验。无论"鲸是哺乳动物"还是"昨天捕获的鲸是抹香鲸",都是感官经验形成的心理演算的结果。在这里,"感知数据"转换成了"定性数据"(qualitative data),意味着可以精确地描写判断句对象的归类属性,同时可以量化。

相对而言,在物理角度,人们应该明白其自然化认识论的语言意义,也就是后者的指示功能应有一个独立于主体的客观对象,后者是物理存在,在感官感知上能够触及,像各种鲸或者单个抹香鲸,均是基于客观存在动物产生的心理意象以及概念输出。与自然科学一致,人们的感知是特定的(specific),因此是针对具体的客体而言的(relative to specific object)。比方说,"鲸"是一个抽象的概念,是语义集合(semantic set);而现实中鲸这样的动物是千差万别的,就算在同一个类别中(kinds)②,至少也有大小以及外观的差别,更何况基因差异(genetic differences)这样更加专业的区分。作为极致的物理主义者,奎因的方法倾向于尽可能注意到每一个细节的差别,理解了这些,人们才能把握奎因自然化的内涵,以及与传统自然主义者理念上的差别。奎因追求物理细节,因此拒绝认识的抽象化和概念化。对于物体细节的关注只能通过实验或者观察方式来实现,这恰恰是自然科学方法,揭示了奎因物理主义的真实含义。

总之,由于心理领域和物理领域的不同属性,也就是前者涉及可变性和差异性,后者力求精确和简化。因此为了打通这两个领域,奎因尝试使心理学变

①　指形式语义学。
②　这里指"亚种"(subspecies)。

成物理学的一个分支,这样做可以使前者在研究过程中所遇到的差异性在追求细节的精确物理体系下得到描写和阐释。心理向物理靠近的优势在于:作为概念组织表述的语言,例如陈述句,可以成为认识论的一种手段。后者把不确定的心理输入确定的物理框架进行检验,就像刺激以及衍生物,与本体这个认识对象进行匹配。这一切都发生在自然语境下,通过对物理现实的讨论推导出基于主观性的语言个性和多样性。

二、从物理数据到心理数据

奎因语言习得过程从物理到心理之间的转换构成了完整的认识过程,两个端点,即"物理领域"和"心理领域",是人类认识的起点和终点。之所以形成认识的相对性(epistemological relativity),原因在于数据源(data source)在移动过程中经历了感官的塑造和加工,形成了感知数据(reception data),而最终的认识很大程度上受到了感知数据的影响,形成了认识的主观性(epistemological subjectivity)。这就说明数据源与最终数据结果并不是完全匹配的,原因是中间过程被重构(reshaping),这个环节就是感官经验,也就是奎因意义上的刺激,体现在语言上就是刺激意义。

事实上,语言习得过程是由两个关键的认识步骤组成:

首先是从物理数据到感知数据,是刺激或者刺激意义的外部过程,可以从人们的感官延伸到非语言/非心理(non-linguistic/non-psychological)的客观经验。物理数据,可以有绝对的客观尺度进行描述,比如各种量化数据(quantified data)。物理数据是感知的直接来源,前者与后者互动,形成意象,作用到人们的感觉细胞(sensory cells)上。这一过程是初步的心理过程(primitive psychological process),原因是打上了残留的生物机理(biological mechanism)的烙印。从客体到感知器官的映射具有生物学的重要意义,可以从有机体进化的角度解释人类认识的产生和演变。在这一点上,人类和所有高等生物一样,为了适应环境,演化出了感光神经(light-sensitive nerves),生理性的进化为后面认识的发展奠定了物质基础,所以也符合奎因科学主义的精神,契合自然主义框架下的"生物自然主义"(biological naturalism)。感知经验过程的认识与经验科学的认识具有等价性,至少从感官角度人们可以意识到有一个与本体相对应的客体世界,这个世界是绝对的,因此符合基于因果关系(causality)上的主客体一致性。

在奎因的刺激语境下,绝对的客体到反射中枢为止变成了相对的体验(relative experience),因此从人们的感觉器官开始,客观经验(experience relative to objects)就变成了相对经验(experience relative to senses)。"相对经验"是针对"绝对经验"(experience in a neuter sense)而言的人类体验,是奎因所推崇和意识到的人类真实体验。与所有的行为主义者一致,奎因反对那些由绝对精神所构成的绝对认识这一传统观点,放弃了独立于世界的纯心理演算体系存在的假设,反过来建议人们重新认识自身的感觉器官,通过追本溯源的方式获得真实的客观知识和理论。奎因的感知代替精神的思想,是彻底的学术领域的解放,在哲学领域摆脱了古典和中世纪形而上学思想的束缚,同时进一步修正了分析哲学与经验哲学相连但事实上仍然属于形式化方法这一问题,最终迈向自然科学这一认识的源头。在语言学意义上,从物理数据到感知数据转换过程中所形成的经验相对性意味着语言是基于刺激的有效结果,看起来完美无缺的命题陈述也许是错误的,是感官重塑造成的。这就意味着在类似"由于反射作用筷子在水中是弯曲的"句子本身与客观事实不符:并不是筷子本身产生了弯曲,而是人们的视觉发生了弯曲。

其次是从感官数据到心理数据(psychological data),这一过程中的生物性机理起到辅助(auxiliary)而不是决定(decisive)作用。生物性体现在人们的生理机制上(physiological mechanism),后者是所有心理活动如意识、思维、对身体的指令控制乃至抽象和概念化等一系列高级过程的物质基础。这是奎因心理学思想所管辖的重要部分,也是认识所推导出的理论、概念以及知识所形成的基地,更是语言加工的关键地方。在这一过程中,人们意识到了主体世界的存在,或者说人类理性其中一个重要的标志就是反思能力:知道自己(one's own)或者自我意识(one's own consciousness)的存在。与乐观的自我意识相反,奎因对纯心理的认识有着最激烈的批判,原因在于一开始即从感觉器官那里获得的认识就发生了偏差,基于客观事实的所谓"认识"是不准确的,在语言习得过程中不能作为精确的知识和断句;相反,需要大量的客观验证来调整主观世界的偏差(aberrance)。对于理性的知识及其语言表述,奎因暗示,正确的态度,应是质疑和挑战,而不是把其奉为圭臬。奎因的语言哲学思想,在心理意义上符合认知语言学的假设,包括体验思想和经验思想。正像前面所阐释的那样,人的知识和理论更多的是相对体验的结果(the relative product of embodiment),其反面是认为二者来自绝对的精神加工(the absolute product of spirit)。显然奎因的语言习得体系与前者一致,体验就是感官经验所带来的感知过程,势必在感官那里得到塑造。当然,奎因的体验思想与认知领域的对应观念还是有区别的,后者认为人们的精神与精神对象是同构的,由后者塑造。与之相反,奎因的体验观认为精神与体验对象并不是同构的,不仅不同构,反倒是前者对后者进行了歪曲,因此人类的精神和精神对象是异构(isomerous)的。奎因的认知思想反映了其认识的观点,说明主体和客体往往不相匹配,在实际的认识过程中会出现心理问题,导致认识论的困境。

本研究把奎因的认知观点定义成"相对认知观点"(relative cognitivism),与"相对经验主义"进行匹配。相对经验和相对认知是因果关系,后者来源于前者,并且在不确定的心理加工机制中得到了强化。强化的结果就是心理概念,也就是"理论内涵",输出为"理论语言"。理论内涵是认识的终点,而理论语言是认识的外在表述。事实上,从感知数据到心理数据即从感知(perception)到概念(conception)的过程,本质上是认知行为,心理上是去加工经过感觉器官接收的外界信息。奎因的理解显然受到了现代认知观点的影响,与亚里士多德式的形式认识方法和柏拉图式的精神认识方法有着本质的不同,代替的是实验性的科学方法。奎因的方法就在于其对认识过程的怀疑,因为认识本身离不开认识的客观对象。奎因的认知观点决定了语言习得过程中人们如何理解概念的形成过程,这是正确判断语言本质的关键。奎因推崇语言行为主义,行为主义的反面是简化思想。在行为主义角度,人们在使用语言的时候无法进行完全简化,总会碰到经验式的不确定性所产生的例外和不规则性,就像不是所有英语名词后面加上 s 构成复数一样,如 goose 的复数就是 geese。语言的例子反映了人们心理上的不规则特性,这种特性显然是针对感觉器官在接收客观信息时人类思维可变的结果。前面所举的语言例子说明,至少人们在考虑语言问题的时候,所参考的对象不是语言本身,而是语言行为。

认识论的最终目的是获得知识或者真理,而在相对习得过程中,人们获得的应是相对知识或者真理。从这一点来看,奎因自然化认识论以及对命题的批判是一种无奈之举,在研究方法上是一种妥协:由于认识相对性这个不可抗拒力,人们不得不通过物理回溯(哲学)和语义回溯(语言学)还原那个真实的客体,在相对性的认识现实中找到绝对的客观现实答案。

三、人本的认识方式和语言阐释

奎因的语言自然主义思想实际上就是建立在物理数据和心理数据上的语言学观点,构建了关于人、语言和世界的语言认识论。显然,在奎因认识论体系中,他倾向于认识的物理性,其比心理性更加重要,这也是奎因心理语言学与传统心理语言学的不同。物理性先于心理性的哲学和语言学认识观点构成了"自然化认识论"的主体观点,意味着人们可以把语言学知识简化成物理数据。在这个意义上,传统"指称"观点应该理解为不是语词指向实体,而是被后者检验。所以越接近实体的句子越可靠,这是直接感官刺激,被人们的心理演算体系重新构建相对较少。刺激是经验远近梯度的结果,也就是观察句本身所能够观察到的程度(extent of observation)。观察程度越高,经验性越大;反之,观察程度越低,心理性越强。在下面三个句子中:

a.这是一只抹香鲸。

b.昨天捕获的是一只抹香鲸。

c.抹香鲸属于鲸类动物。

按照字母升序,可以看出观察性逐步降低,因此传统基于二元判断(polar predication)的分析和综合命题的划分无法解释句子的物理属性,只有打破二元论(dualism)而把语言学理论放到经验科学中,才能更好地理解语言的本质和属性,这也是奎因尝试把哲学和语言学放到自然科学领域的原因。二者受制于基本的科学法则(subject to the general law of science),体现在三个方面:首先,观察句的观察是经验过程,依赖人们的感官经验获得;其次,观察是自主的行为方式,本身是为了摆脱深层次的心理主观性而存在;最后,人们心理层次关于世界的语言知识只能是刺激在深层次的表现和反映,无法自主存在。

奎因的自然主义语言观本质上是把认识还原到客体这一现实上,但从根本上来说仍然是以主体为本的认识方式,这一点是确定无疑的。正像前面所谈到的"认识悖论"含义所提示的那样,关于世界的知识和理论只能通过主体意识存在。"世界由心生"，很难想象脱离了意识或者观察者视角的世界是什么样子。任何客体，不论本身是否存在，必定是通过人们的感觉器官意识到的，这恰恰从侧面印证了奎因体系中刺激的重要性以及刺激意义的本来意思。奎因的自然主义语言思想其实就是"人本的语言自然主义思想"（anthropocentric elicitation of linguistic naturalism），"人本"就是以人为本，把人作为认识主体对待。人本认识很自然地把认识放到了人们的心理世界中，因此语言知识是人们心智的产物。这也是主观性的来源，涉及认识的相对性问题，当然对于奎因而言恰恰是认识悖论造成了主客体的不一致性（discord），因此主体理论需要上溯到客体实在进行认识检验。人本的认识方式同时也是行为主义的认识方式，从心理自然主义角度规定了人行为的实在性（realism），这样做的好处在于人们能够更好地理解心理器官的自然属性，其本身是与客体并列的物质存在，心理过程等同于物理过程。

　　奎因的人本自然语言观念与人类语言学、社会语言学以及语用学派方法近似，通过观察日常人类语言行为来研究思维的本质。一切的日常活动，不论是日常行为还是哲学研究工作，都是以意识为本的心理活动或者外在行为。把人本思想引入自然科学可以更好地解读人文科学和自然科学的相关性，二者在本质上都是以意识为主体的人类活动。在语言学意义上，通过语词或者命题句一方面可以精确表述客体的存在和属性，另一方面也构建内在的人本思辨系统象征性地比喻客观存在，形成人类独有的人文精神系统。在整个语言认知过程中，人本精神体系应该和人为视角的客观存在保持一致，这样才能实现真正意义上的认识自然化。

第二节　自然主义视角下语言学认识论

　　无论是传统认识论还是奎因自然化认识论，均构建人类认识过程中知识和真理的学术体系，同时也探讨并且评价知识和理论的认识来源。或者也可以这样说，哲学认识论涉及人们会获得什么样的知识或者真理（what），同时涉猎二者的认识过程(how)。在语言学角度,就是会获得什么样的语言知识(linguistic knowledge),以及语言知识获得的过程(acquiring process of linguistic knowledge)。前者是语言的意义,即语言的命题结构,是语义学研究的目标,后者是语言习得,是认知—心理学科研究的内容。由此,语言学也有其认识方法,也就是语言学意义上的认识论,简化成"语言认识论",可以定义成"寻求语言知识的来源、本质以及界限的认识论"。这显然是把语言学作为一个哲学分支来理解,符合对哲学的通用定义。哲学是学科的学科,或者说是所有学科的基础,那么语言学被认为是哲学的分支合情合理,而且确实符合现实中学科的关系。这样,就可以有效地模拟哲学构建语言学认识论,根据前者内涵发展后者,这样语言学认识论和哲学认识论就存在两种关系:一方面,就像前面刚刚表述的那样,既然语言学是哲学的一个分支,那么语言学认识论即哲学认识论的一个分支,前者完成的是后者的一个任务,就像一个项目中完成子项目一样。作为哲学认识论的一个分支,语言学认识论尝试从语言系统内部研究语言知识的内容和属性。而另一方面,语言学是和哲学并列的学科,原因是当人们探讨哲学问题时,实际上也在探讨语言问题,二者都是接近思维本质(the essence of mind)的媒介,兼或哲学需要语言作为媒介(linguistically mediated philosophy)。当进行哲学讨论时,必定要借助语言这个工具。无论哲学和语言学是并行的,还是后者是前者的媒介,二者的地位是相等的,既可以是等价关系,也可以是你中有我、我中有你的包含关系。鉴于此,语言学认识论和哲学认识论自然也是等价的,要么二者追求一个目的,也就是语言知识也是哲学意义上的知识;或者哲学意义上的知识需要借助语言知识来完成。至少,两种知识都需要获得过程,在哲学就是认识过程,在语言学即为语言习得过程,在这一点上,奎因显然通过借助语言习得的研究达到了哲学认识论这个目的,当然是"自然化认识论"这个目的。因此,在奎因的思想框架下,所涉及的语言习得过程即为自然主义视角下语言认识论(linguistic epistemology from the perspective of naturalism)。

　　在本研究的语境下,自然主义视角下语言学认识论就是在奎因自然主义思想框架内语言学认识方法的有效性研究(valid study),在认识观点上,并行于行为主义的语言认识观点,强调语言知识是外界刺激的产物。在刺激的基础上，奎因事实上把经验主义理论引入其语义学体系中，不仅强调刺激，同时暗示刺激的来源，也就是语言所指示的客体本身。这样，奎因就在自然主义框架内解释了传统语义学中的"指称"观点，与语义学中认为语词向客体延展不同的是，奎因强调客体是语词的实际来源。其体系下语言学认识论是心理主义和物理主义相互转换的结果：一方面，心理空间中的语言知识（linguistic knowledge in the psychological space）来自物理空间中的实体存在（real object in the physical space）；另一方面，心理空间中的语言知识可以回溯到物理空间中的实体。总之，在奎因思想体系下，自然语言认识论是围绕行为主义意义上"刺激"这一概念，同时在主客体之间相互转换的语言认识论。

一、语言的知识来源

认识论很重要的目的就是寻找知识或者真理的来源，奎因自然化认识论是在把哲学科学化的基础上寻找知识或者真理的来源；同理，与认识论并行的语言学认识论寻找语言知识的来源，是在把语言学科学化的基础上寻找语言知识的来源。前者是语言习得研究内容，包含各种假说和理论；后者特指奎因的语言习得理论，是建立在"刺激""语义上溯"等概念基础上的习得理论。

语言知识来源从古希腊开始就是思考的对象，包括"唯名论"和"唯实论"的对立，伴随着人类知识的认识一直贯穿于整个学术史中，直到现代语言学产生为止，在专业角度有了进一步发展。事实上，作为知识论的一个部分，语言知识也属于人们认识的一个部分，并且是百思不得其解的问题。在这里，可以比较语言知识和科学知识的区别，后者属于感官经验范畴，有直观性，能够通过观察或者实验方式获得，就像鲸类知识或者北极熊知识一样，建立在科学研究成果上。无论是鲸还是北极熊，都具有直观的特性，可以直接用科学手段测量，获得物理数据。而语言知识恰恰相反，其本身就是抽象的符号系统，与实体存在显著不同，不具有直观上的感知特性，因此很难获得直接数据。所以，关于语言知识的来源，显然不能够按照绝对科学方法获得。但如果把语言理解成客观表述方式，问题就迎刃而解，这就意味着语言是客观世界的外在表达式（representation），人类能够通过再现（reproduction）的方式把语言所针对的世界呈现出来，就像"鲸是哺乳动物"或者"北极熊是水生哺乳动物"这样的句子，通过命题结构把客观生物性的存在表述出来，通过传递信息的方式影响着人们的思维,重塑人们的知识结构。在上述两个句子中,基于前者获得的是生物学分类知识,即作为一个物种的"鲸"是"哺乳动物"范畴中的一项。而后者不仅具有生物学的分类意义,作为一个亚种,"北极熊"是"哺乳动物"范畴中的一项;同时也描述其一种日常行为——海水中游泳。由此可以看出,至少有些语言结构,无论是词汇层面(at the lexical level),还是语义层面(at the se-mantic level),均有客观所指,因此是与科学对象并行的,这一部分恰恰符合奎因的科学观点。鉴于此,语言知识回溯到的是客观存在,无论鲸还是北极熊这些语言所指对象,兼或它们所处的自然环境,如海洋或者北极,均具有物理现实意义,那么所表述的语言也有心理现实意义。

具有心理现实意义的语言习得理论,是指人们在心理层面所形成的(to formulate)知识或者真理一定要有一个客观存在可以回溯,这些知识是关于客观自然的知识,因此是基于事实的(factually based),而不是基于概念的(conceptually based)。前者是奎因语言习得观点,强调语言知识包含的是客观信息;后者指相对独立的精神或者意识的存在,当然在广义上指主观本身。用生物学方法理解人类大脑,其也是自然存在的一种,具有物质性,也就是可以被简化的物理特性。

自然化语言习得观点是与自然主义思想并行的观点,是伴随西方启蒙运动中科学精神出现的,其中的文化意义不谈,主要探讨其思想意义:正是科学性奠定了现代认识论的基石。这些观点均与自然科学发展密不可分,是理性和科学的结合体。在此基础上,哲学中的认识论就成了思想领域中一个占凸显地位的知识门类,原因显而易见,只有厘清知识的真正来源,才能使科学成为有效的学科工具,比如当人们意识到自然不是上帝意志产物这样的事实,而是本体的,是知识或者真理应该能够上溯的终点。这样来看,认识论成为科学和理性原则的核心内容就是合情合理的解释。语言知识自然也在科学和理性的框架里面有了新的含义,至少需要追随哲学认识论的基本内涵。语言认识论在理解知识来源、属性以及界限的前提下,同时会涉及这样一些问题,如人类拥有什么样的语言知识,语言知识经历怎样的获得过程,在何种程度上语言知识与人类经验有关联,什么样的科学标准可以用来评价语言知识的有效性,等等。在通常意义上,语言知识评价不外乎两个标准:要么结合心智属性进行评价;要么结合客观经验进行评价。这样,语言知识自然可以理解成三种知识:逻辑知识、心理学知识和社会学知识。逻辑知识是纯心理知识,是完全在人们心智内发生的知识;心理学知识既可以是纯心智的,也可以是客观经验的。前者是自我构建的知识,后者是镜像知识。社会知识完全反映的是客观知识。在以上知识类型中,奎因显然倾向于后两种,然后把逻辑知识作为两者的工具看待。所以,基于奎因自然思想的语言认识论就是心理概念知识和物理经验知识的结合体,前者以后者为标准,并且能够准确地还原到后者上。

二、语言自然主义:从认识到本体

上一小节提到语言知识的来源,在自然主义框架下,知识上溯的主体是客体本身以及相关的物理环境,这也是奎因自然化认识论所凸显的认识内容。在自然化语言认识论前提下,语言知识能够上溯到物理领域内,因此只是基于事实的,而忽略了概念体系重构的成分。事实上,在奎因语言哲学体系中,主体需要服从客体,其回溯过程就是从语言知识回到语言所指对象的过程,这样就从心理领域转回到了物理领域。语言心理主义思想隐含回溯的源头,由知识构成;语言物理主义思想包含回溯的对象。后者是作为语言认识论在自然主义思想框架体系内所提供的认识标准(criteria),就像与"鲸"或者"北极熊"有关的数据,以及二者所处的自然环境数据,是关于这些动物语言判断的唯一标准。

"客观性"定义了"语言自然主义"(linguistic naturalism),使人们在思考过程中从认识回归本体成为可能,这恰恰是奎因本体承诺所希望获得的结果。这就意味着,传统研究方法是从本体到认识的过程,而自然化语言认识同时也是从认识到本体的过程。这个过程是基于自然科学思想的(scientifically based),狭义上就是基于物理思想的(physically based)。这种认识论尝试把语言学和纯粹的科学建立联系,不是人为领域内的软科学,而是自然科学类,尤其是物理学和生物学。正像前面所提到的那样,笛卡尔把所有科学都简化成了物理学,因此在这里可以把生物学也放入物理学范畴,至少在对待客观性上二者是一致的。生物学在奎因体系下有两种含义,既可以指人类行为的有机性,也可以指生物客体存在方式。前者是语言行为观点所探讨的内容,后者是上溯的目的。不管是哪一种,都是上溯的对象,可以把语言物理主义放到语言本体论中理解。"语言本体论"是与"语言认识论"相互补充的语言学思想。正像"哲学认识论"和"哲学本体论"的关系一样,"语言本体论"是关于语言意义上客观存在的语言学思想,在"语言物理主义"框架下特指"自然化的语言本体论"(naturalized linguistic ontology)。语言物理主义同样有两种内涵,首先,语言本身也可以是客观事实,也就是乔姆斯基所说的"自然客体"(natural object),其本身作为一种存在方式也是认识的对象,具有自然性和经验性;其次,也就是在奎因本体论基础上,语言本体论可以理解成哲学本体论的辅助方式,在这里,语言是本体编码和解码的媒介,其关注对象具有自然性和经验性。在本研究框架内,倾向于后者,也就是语言如何反映客体本体性。语言本体思想实际上是指语言可以上溯到其所指的客观对象,无论是"鲸"还是"北极熊",兼或无生命的存在,也包括生物性大脑(animal brain)本身。

语言本体思想,在奎因自然化体系中被重新定义成"语言本体自然主义"(ontological naturalism of language),自然化认识论就是本体自然性的结果。本体自然性是描述客观现实本质的依据,其重要的媒介就是语言。作为交际工具,语言可以反映不同领域的客观存在,包括人类学、文化、社会和心理领域。事实上,语言所反映的世界是一个不断熵增(entropy)的世界,因此语言本体论就是一个在不同梯度上关于客观存在的语言学思维方法,所反映的领域从客观向着主观不断过渡,熵逐级增大,也就是从确定性向着不确定性不断增长。语言所反映的客观世界可以从低到高分为五个层次:物理世界、化学世界、生物世界、社会世界和意识世界,如图 8 所示。

物理世界 ——→ 化学世界 ——→ 生物世界 ——→ 社会世界 ——→ 意识世界

图 8　熵增世界的次序

这五个世界是语言所能表述的最大范围,可以反映各个部分熵增的情况。同时鉴于语言本身的非自然性,又可以按照语义学三个世界的理论进行分类,这样语言所反映的本体世界情况就有如下的矩阵形式,见表 2。

表 2　语义学维度上熵增的世界

客观领域＼主观领域	现实世界	可能世界	想象世界
物理世界	水开了	随着海拔的增高,水的沸点会降低	火星人在奥林匹斯山①上烧水
化学世界	随着汽车的增加,越来越多的废气排入大气中	减少车辆是减少废气排放的一种解决方案	不久的将来,不同元素可以自由地转换
生物世界	适者生存	根据达尔文理论,老鼠可以演化成其他物种	独角兽是依靠猎食食草动物为生
社会世界	老王还在打他的妻子	如果女性当了美国总统,她会采取更加温和的政治主张	来自火星的政治家们和地球上的同行探讨了维持太阳系和平问题
意识世界	听到这个消息小明很开心	所有人都不喜欢蚊子,因为后者传播疟疾	小明脑海中自我和本我不断争吵,因此他拿不定主意

在奎因自然化体系下,人们是按照从意识世界向着物理世界过渡的方式来理解语言,也即标准的本体是物理世界中的存在,因此本体论的研究对象是物理实体,自然化认识论需要向这些物理实体靠近,而语言本体性自然是为物理实体服务的。相对于奎因自然化体系,本研究尝试把本体的内涵扩大,以一种广义自然主义的方式理解客观存在,这样,本体思想就可以向上涵盖一直到可以包括意识层面的元素,那么语言的本体性向上就可以覆盖所有领域的内容,不管其实体属性的程度。鉴于此,尝试建立一个广义上的语言知识认识体系,既包括奎因的自然主义思想,也包括乔姆斯基的自然主义思想,这样就可以统一语言行为主义和语言的心智观点,建立一个兼容的语言学认识体系。

三、奎因语言自然主义与乔姆斯基语言自然主义

广义的语言自然主义认识论是建立在科学认识上的自然主义思想,不仅仅包括经验科学,事实上所有基于科学思维的语言思想都应该划分到语言习

---

① 火星最高峰,高度是珠穆朗玛峰的两倍多。

得理论中。兼容的认识体系就是构建可以容纳相互矛盾但在各自角度均有科学有效性的语言习得模型,在这里,最具有代表性的就是奎因心理自然主义思想和乔姆斯基生物自然主义思想。两种思想在对待语言知识上有着迥然不同的观点;但其实都是建立在科学理论上的语言习得观点,只不过对语言知识产生过程理解不同罢了,都可以在一定程度上解释语言发生机制。

奎因语言自然主义思想是"心理自然主义",是其自然化认识论很重要的内容。这种思想与传统语言哲学思想最大的不同就是非形式和非概念的,是基于物理数据的心理学理论,因此是结合物理性的语言哲学思想。换一种说法,奎因心理自然主义是在承认人的心理有效性(psychological validity)基础上,结合物理数据演算的结果,也就是心理主义和物理主义结合的产物。

结合物理性的心理主义观念,其目的是从客观世界结构角度理解心理结构,包括三层含义:首先,与体验哲学思想一致,人们的内在心理世界与外部物理世界同构;其次,人们的心理世界反射外部物理世界;最后,心理世界和物理世界享有等价的存在意义。鉴于以上假设,很容易理解奎因语言自然主义思想,因为语言是内在心理结构的外在表述①,因此人类语言在很大程度上反映了客观世界的真实样貌,并且通过语言行为方式进行心理构建。在这里,应该注意,在理解奎因心理自然主义的时候,奎因意义上的心理学特指经验心理学,体系是对客观世界开放(an open theory)的,并且能够吸收由感官刺激所接收的外部信息。

而与奎因语言观点不同,乔姆斯基的语言习得观点,同样是建立在心理主义基础上的,但不是开放的心理学理论,而是自我构建(self-constructing)的心理学观点。乔姆斯基的语言学思想,建立在"心智主义"基础之上,认为语言知识是内嵌式的知识结构,"人生而知之",语言系统与人们大脑中的其他官能一样,没有区别,都是生物性头脑的一个部分。鉴于此种假设,乔姆斯基学派认为语言与刺激没有关系,其观点体现在"刺激贫乏论"上。既然人们所获得的语言能力远远多于外部刺激,语言似乎不是刺激而来,更多的是本能。语言是自然生长的产物,就像鸟会生出翅膀注定能够飞翔一样。

---

①　不考虑心口不一的语言使用情况。

　　乔姆斯基的语言先验思想与奎因的语言经验思想没有任何共同分享,尤其在语言形式化和理想化的方法上。与后者分享的部分是自然科学,也就是说奎因不同意乔姆斯基的语言先验以及具有数学意义上可归纳性方面的理解,但是在科学思想上两位巨匠没有任何差异。对于乔姆斯基而言,语言的生物属性是应该着重强调的方面,这样放到生物学范畴内的语言学同样变成了经验科学;奎因的语言学体系也承认了语言经验科学属性,尽管认为语言知识的了解是通过内省而不是实验观察的方式。至少在认识上,乔姆斯基理论与经验科学方法保持一致,把语言作为自然客体来对待。

　　乔姆斯基心理自然主义思想认为语言是自我构建过程,因此是唯理主义思维方式,语言知识更多地通过假设、类比或者直觉方式获得。乔姆斯基心理主义科学性的关键在于是结合生物学思想的自然主义,是后者赋予其体系科学思维方式。也就是说,乔姆斯基的语言学思想是心理主义加上生物主义的语言学思想,在这里,模仿奎因"自然化认识论"称其为"心智化认识论",如图9所示。

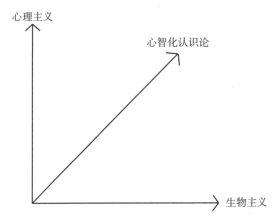

图9　心智化认识论=心理主义+生物主义

　　生物主义使乔姆斯基的唯理心理学(rational psychology)向自然科学靠拢,所以显然是物理学(奎因倡导)和生物学(乔姆斯基倡导)使心理学具有了自然科学的内涵,使其摆脱了形而上学的影响,通过科学方式构建人们的精神以及语言结构。

　　总之,无论是奎因的行为主义刺激观,还是乔姆斯基的心智主义非刺激观,都包含自然主义思想,均承认语言的经验属性。

第三节　自然主义视角下奎因完整的语义习得模型

　　作为一个整体,本研究始终围绕奎因自然化认识论思想以及刺激意义的行为主义观点,是心理主义整合物理主义语言学辅助哲学的研究,在自然化认识论基础上,重新理解语言习得这一语言学的观点。作为结论,基于奎因行为主义以及刺激命题的划分,使人们能够更好地理解语言与客体的关系,以及语词与实体的关系。研究最后落实到语言习得问题上,涉及语言知识的来源和方式。在奎因自然主义思想中,语言习得过程是物理主义和心理主义相互转换的过程,这个过程涵盖了整个哲学认识最多的选项,从客观实体一直到语言输出,中间经过了感知经验和理论①建构。整个认知过程从感官经验开始,就进入主观层面,越往内侧,理性梯度越大;同理,越往外侧,经验梯度越大。所以,在获得语言习得完整过程的同时,为了摆脱理性部分(rational component)而获得真正的认识来源,也就是经验部分(empirical component),奎因转向了经验思想以求语言习得的最大化的完整过程。鉴于此,基于完整认知模型的语言学观点,可以看出奎因的语言经验主义思想是彻头彻尾的语言习得思想(acquisition based upon thorough linguistic empiricism),也可以理解成"极端经验主义语言习得思想"(acquisition based upon radical linguistic empiricism)。之所以用"极端"这个措辞,在一定程度上反映了奎因认识自然化中对客观事实的着重强调,这与传统甚至包括经验主义在内所有强调认识本身的理念截然不同,不同点在于认识的有效性必须回溯到经验事实本身,并且以后者作为参照检验认识过程。总之,奎因语言习得理论是关于语言知识的完整获得过程,包含了习得能够涉及的所有成分,也就是客体、主体以及语言本身。客体

_____

　　①　等同于奎因的"理论语言"。

的参与,体现了奎因语言思想中的行为主义和经验主义理念,并且行为主义是物理认识和心理认识的交叉点,本身兼具思维属性和经验属性。

奎因习得思想中,对应上面所提到的三要素,包含了三个主要成分:物理数据、心理数据和语言数据。三要素构成了奎因自然语言观念中的认识模型,恰恰与传统"符号/语义三角理论"①相对应,如图10所示。

图10 符号/语义三角模型

上述语义模型包含"语符""概念"和"实体"三要素,建立了语词、主体和客体之间的关系,因此恰恰和奎因语言习得过程契合,如图11所示。

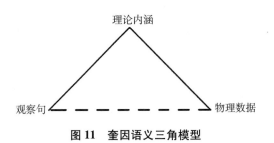

图11 奎因语义三角模型

在命题角度,"实体"等同于"物理数据","概念"相当于"理论内涵","语符"替换成"观察句"。无论是在词汇层面,还是在句法层面,奎因习得理论完全与传统语义学观点相契合,均强调语言知识的物理性来源。比方说,在词汇层面,从林语言学家例子中关于"兔子"的词汇,涉及了语词回溯问题。没有这个物理数据,奎因语义三角理论显然不成立。同理,在"鲸是哺乳动物"这个句子层面上,不仅回溯的是鲸这个实体,同样回溯与鲸相关的各种物理环境以及生物性过程的一切判断,也是经验的和感官刺激的。

———————————

① 经典语义学理论,不再赘述。

奎因语义三角理念,一定意义上在经验科学体系框架内反映了语言知识的真实来源,能够作为客观世界、主观世界以及语言世界三者关系有效的评判,是语言知识有效性的认识标准。奎式语义模型是语言自然思想的一种观念,假定语言本身是客观信息的载体,或者说可以追溯到感知参与的客观经验,也就是可观察到的客观事实。在这里,奎因的习得理论是完整的感知、认知和语言输出的过程,如图 12 所示。

输入(经验)—————————> 理论 —————————> 输出(语言)

图 12 奎因语言输出模型

根据图 12,奎因语言思想强调了外部刺激的重要性,刺激是经验的输入,构成理论,然后再通过语言进行输出。

一、奎因的三段模式与乔姆斯基的二段模式对比

奎因语言自然主义思想是极端的自然主义思想,是基于彻底的经验主义判断。通过进一步研究,可以发现正像其他任何学术观点一样,奎因的语言学思想中仍然存在一些问题,比如语言词汇或者断句没有客观所指这样的现象。在下面两个例子中:

a.词汇层面:奥特曼

b.句子层面:化学是自然科学。

人们无法找到实在的物质对象,要么存在于人们脑海当中神话结构(allegorical structure)中(奥特曼);或者指代的不是感知存在整体,而是由一些抽象的概念(如"元素")或者具体的实物(如"烧杯")、过程(如"氧化试验")、环境(如"实验室")、活动(如"化学学术会议")、归类(如"化学是自然科学")等所组成。即使在断句层面(at the sentential level),也有大量的主观精神世界自我构建的语言表述,像"地球和火星将开展星际对话以维持太阳系和平"这样的句子,也就是语言学关于"可能世界"语义学观点,这些都是奎因自然化语言学观点的反证,在命题角度没有任何经验性存在。

语言学发展和其他科学发展同理,需要建立一个自洽的学术体系。在自然主义框架内,同样需要一个对奎因语义学思想进行补充的学术体系构成广义自然主义思想。该思想意味着日常陈述不一定有具体客观所指,但是应承认自然科学的有效性,同时坚定地把心理过程等同于物理过程。这样的语言自然主义思想不一定非要去"证伪",但一定是以"存在"为认识的评判标准。"存在"同样是广义上的,包括意识过程和心理活动这些心理主义方面的内容,因此广义上的自然主义仍然是物理主义和心理主义的集合体,只不过物理世界是心理世界本身而已。

能够平衡奎因自然主义思想的观点就是乔姆斯基的观点,恰恰能够在语言习得角度弥补奎因的理论缺失,比如上面所罗列那些例子当中语义学经验性缺乏的问题。乔姆斯基刺激贫乏的理念可以解释那些没有客观所指的语义学现象,与奎因刺激丰富的有指(referential)例证形成了完整的语义学模型,可以涵盖所有语义有效性问题。这就意味着,从自然主义(广义上)角度来看,"刺激丰富论"和"刺激贫乏论"并不是矛盾的二元判断,而是相互补充的一元体系,两位学术翘楚的观点恰恰反映了人们语言能力的两个方面,如图13所示。

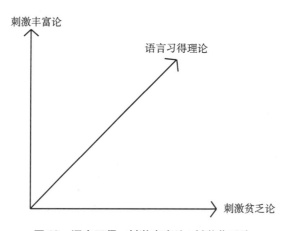

图13 语言习得=刺激丰富论+刺激贫乏论

从图13可以看出,奎因和乔姆斯基语言习得观点是竞争性的两个模型(two models in a competing fashion),二者形成一个合力,构成完整语言习得认识体系。

　　综上所述,乔姆斯基的语言自然主义观点体现在生物自然主义和心理自然主义转换的基础上,因此其科学性基于把语言学作为生物学分支来看待,兼或承认语言是"自然客体",这样语言不仅可以通过生物学来理解,本身也被放到了经验世界所有客观实体如"鲸"或者"岩石"同等地位上,这样做的目的就是把心理世界等同于自然界:一方面前者是后者的影像;另一方面,前者也具有后者的物质有效性。

　　在广义自然主义概念内,与奎因三段语义模型(客体、主体和语言)对应的是乔姆斯基两段语义模型(主体和语言)如图 14 所示。

理论 ⎯⎯⎯⎯⎯⎯⟶ 输出（语言）

图 14　乔姆斯基语言输出模型

　　在图 14 中,"理论"是模拟奎因术语,等同于乔姆斯基"内在语法规则"(finite innate rules)。在这个语义模型中,形式上缺少了"客体"这一感官经验输入,但其经验性体现在理念中。经验科学体现在心理框架内部,这是对语言自然性坚定不移的认可。形式上对物理范畴所指缺乏体现在语言本身没有客观所指,如"独角兽",所以仅仅构建了乔姆斯基两段的语义模型暗指缺乏客观所指这一情况,自然性包含在乔姆斯基思想体系中,是通过隐喻和暗指的方式来完成。因此,可以看出,无论是奎因基于行为主义的语义学观点,还是乔姆斯基基于天赋论的语义学观点,在形式上都是对立的理论,分别从有无客体也就是外部刺激角度理解语言习得过程,构建语义学体系;但是在实质上均从自然主义这个认识角度来阐释语言和思维的本质,也就是建立在自然科学理念上的自然语言习得观点。

二、从感知到认知的完整认识过程

　　奎因自然主义角度语言习得过程描写了完整的语言知识和理论获得的过程,在一定意义上解释了自然化认识论在评判知识和真理时所遵循的科学标准。"科学"在此意义上就是"自然科学",特指"经验科学"。经验科学一定以感官的感知过程(主要是视觉)为认识的唯一标准,只有在人类感觉器官有正常的生理机理和正常的运用机理,与客体互动形成视觉感知(visual perception)情况下才有效。只有在感知活动的情况下才能意识到周围客体的存在,才能够在视网膜上形成影像(image)。影像是概念的物质来源,是人们形成对物质的客观世界知识和理念的感觉基础,因此人类的感觉器官是对独立于自身或者意识与客观世界之间认识的桥梁,向内可以形成心理意象,转成概念,输出语言;向外可以接触客体,上溯感官经验的来源。向内和向外的双向认识过程恰恰是奎因自然化认识论和行为主义意义上语言习得理论研究的基础,这就意味着奎因意识到了刺激的桥梁作用,以及刺激意义的语言决定作用。

总之,奎因语言习得观点代表了最完整的语言习得理论体系,首先,最大程度上包含了从客体到感知,再到概念,最后到语言的完整习得过程。在这里,语言是习得的输出,也可以指心理语言。在此意义上,弥补了理性主义或者先验思想有时候忽略客体的认识缺陷。其次,把刺激或者刺激意义作为认识的关键点,可以向前形成概念体系同时又可以回溯寻找知识的来源,这样做就解决了经验哲学和科学只是单一认识过程的缺陷,不仅可以从客体到主体,也可以从主体回溯到客体,不论哪一个,感觉器官都是中介或者桥梁。至少,在对习得理解中加入了一个回溯到式的检验过程(ascent-based inspection)。再次,奎因语言习得理论有一个致命的缺陷,就是无法解释那些确实没有客观所指的理念或存在,也就是纯心理活动以及没有客观物质所指的语言形式。所以,在这种情况下,自然主义语言学思路中应该把乔姆斯基的语言习得观点添加进去,有效地补充奎因思想不能涵盖的语言知识来源的认识。

鉴于此,可以建立一个基于自然主义思想的语言学认识理论,也就是奎因所代表的完整的认识过程,是从感知(perception)到认知(cognition)再到语言(language)的习得过程,如图15所示。

感知 ⟶ 认知 ⟶ 语言

图15 奎因三位一体语言认知模型

以奎因为代表的语言自然主义思想,体现了语言物理性和心理性完整的结合,构成了物理过程(客体+感知)、心理过程(感知+概念)以及语言输出(概念+语言)完整的路径。前者对应感知性,是语言原发所经历的生理过程

(视网膜对实体的扫描);中间是生理和心理过程(视觉信号进入中枢神经,在意识层面进行心理性的加工);最后是语言输出过程(通过心理加工再转换成语言文字符号)。

上述语义学模型是广义上的语言习得理论,是建立在语言拥有具体客观所指情况下知识获得渠道的观点上,因此是三位一体的,与上述所谈到的传统"符号/语义三角"理论相契合。三位一体的语言认识方式(trichotomy of linguistic epistemology)是经验科学意义上的认识方式,在客体缺乏的情况下,作为补充,可以用它来解释乔姆斯基体系内两位一体的语言认识方式(dichotomy of linguistic epistemology),也就是语言习得理论同样包含从认知到语言这个过程,如图 16 所示。

认知 —————————→ 语言

图 16　乔姆斯基两位一体语言认知模型

这是乔姆斯基所代表的语言自然主义思想,是心理学单向意义上的语言学理论,缺乏了物理性的语言解读。乔姆斯基语言习得过程包含两个阶段,即心理过程(无感知+概念)以及语言输出(概念+语言),前者是纯心理性的,后者为语言输出。

由此可以看出,奎因的语言习得理论描述的是完整的语言知识来源过程,因此可以作为广义的语言自然主义思想,也就是心理主义加上物理主义的语言学理论。但奎因体系也可以是狭义的语言学理论,在这里就需要补充乔姆斯基语言自然主义思想来解释奎因理论不能解决的问题。二者关系在于,如果探讨有物质实体客观存在的语言现象的时候,奎因语言自然主义就等同于语言自然主义;否则,在前者缺失的情况下,奎因语言自然主义就是语言自然主义的一个分支,需要补充乔姆斯基的心智主义理论以期涵盖语言习得的所有情况。

三、自然主义框架内部语言学研究方法论

奎因语言自然主义思想,如上一节所述,包含了人们认识体系内两个必要成分:客体和主体。因此是结合物理主义和心理主义的结果。其思想之所以

作为本研究的对象，原因是具有代表性，覆盖了语言习得研究所能涉及的物理和心理过程，因此奎因理论是完整的语言学认识理论，可以作为标准认识理论（standard theory of epistemology）对相关问题进行探讨。标准的语言学认识理论和任何学术体系内的认识理论一样，可以兼容不同的语言学认识观点。正像物理学中的"大统一"理论期望能够兼容相对论和量子力学一样，语言学统一理论（a unified theory of linguistics）应该去解释在传统语言学范围内的三种语言学认识方法，即先验主义、唯理主义和经验主义。

语言学统一认识方法显然是为了建立一个自洽的语言认识论，并且在自然主义领域内语言学认识论可以涵盖语言研究的所有可能。自然化语言认识论（naturalized linguistic epistemology）尝试从微观角度解释语言的结构和意义；而在宏观上提供哲学上的认识标准以期评判语言知识的有效性（validity of linguistic knowledge）。自洽的语言学认识体系应该融合关于语言学的各种观点，也就是三位一体的语言学观点，包含先验主义、唯理主义以及经验主义。三种思维方式，实际上是思想和哲学上的最基本认识方式，无一例外地体现在语言学研究思路中。先验主义（linguistic a priorism），沿着从柏拉图开始的"理念至上"思想，是柏拉图理想主义（platonic idealism）的延伸和在语言学研究中的具体体现，在语言学领域的代表就是乔姆斯基。先验主义无一例外强调语言是心智的产物（the product of faculty），语言知识是内嵌式的，人们生而有之。而与之对立的是经验主义思想（linguistic empiricism），走的是西方从亚里士多德开始建立起来的经验主义道路①，强调语言是社会文化的产物（the product of society or culture），在语言习得角度即为语言行为主义观点，当然也包含奎因行为主义。语言经验主义认为语言是经验过程，一定和外部的输入相关。第三种方法就是唯理主义（linguistic rationalism）方法，与先验主义和经验主义强调知识来源不同，唯理方法注重语言知识认识途径，也即语言是逻辑的一个部分（the product of logic），必须通过形式化方法加以区分。唯理方法同样源于亚里士多德，在语言学领域被乔姆斯基所代表，体现在其早期理论中，后期才向生物学和认知科学转换，并使转换生成语言学有了自然科学属

---

① 尽管方法上不是经验的。

性。三种研究方法一直存在于语言学各个流派体系中,有时是泾渭分明的(with clear demarcation),有时是合并应用的(with blurred demarcation)。在语言学认识水平意义上,三种方法是平行的,是互补分布的并列关系,可以认为是语言学方法论分类的结果,三者平行的关系如图 17 所示。

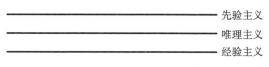

图 17　先验主义、唯理主义、经验主义三者平行关系

在三种研究方法论之间,先验思想与经验思想是非此即彼的对立思想,也是内在禀赋和刺激行为相互区别的观点,具体体现在奎因和乔姆斯基的"刺激丰富轮"和"刺激贫乏轮"之间的不同。不同之处在如何理解语言知识的来源上,也就是要么是外部输入的结果,要么是内部生成的结果。先验主义与经验主义的合并构成了广义上能够代表语言自然主义思想的奎因语言习得观点,也就是狭义上的奎因语言习得理论加上乔姆斯基语言习得理论,解释了有外部输入和无外部输入两种情况。而作为方法的唯理主义恰恰是平衡了先验主义和经验主义两种思路,一方面,形式化的研究方法合理化了认识过程当中直觉以及内省,这些都是古希腊科学最基本的研究方式;另一方面,唯理主义也是自然科学的认识方式,通过数理逻辑媒介精确反映经验科学的发现和论述。鉴于此,唯理主义有效地平衡了(to mediate)先验主义和经验主义的对立关系,打通了基于心理主义前者和基于物理主义后者之间的通道,因此可以很好地在自然主义标签下作为语言科学思想的研究方法,是语言先验思想和经验思想两种模式竞争过程中形成的合力,如图 18 所示。

从图 18 可以看出,作为平行关系中的一项,唯理主义又可以成为先验主义和经验主义的上位选项,通过本身融合了对立的两种语言学认识观点,在"唯理"这个概念上统一了先验和经验中的科学性,从而正像奎因刺激意义一样打通了语言学心理主义和物理主义这两大认识领域。

四、自然主义框架内部语言学研究方法论整合

语言学研究的最终目的即哲学目的,这是语言和哲学的交叉所在,也是语

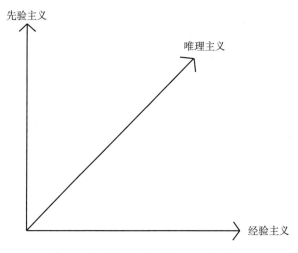

图 18　唯理主义＝先验主义+经验主义

言哲学范围内所体现的语言和哲学的相关性。本研究尝试构建一个"自然化语言认识论"(the naturalized linguistic epistemology),兼容传统意义上语言学三种认识观点:先验主义、唯理主义和经验主义。后者由奎因的"刺激丰富观点"所代表;而先验主义和唯理主义由乔姆斯基"刺激贫乏论"所代表。自然化语言认识观点在"自然主义"这个标签下统一了心理和物理这两大认识领域,因此就统一了哲学和科学这两门态度和方法截然不同的学科。科学和哲学的统一,就是奎因理论研究的目的,事实上就是统一了物理学和心理学两个学科,是"物理主义"和"心理主义"相结合的结果。拓展到认识工具上,自然化认识论实际上统一了哲学、科学和语言学三门学科,后者作为手段或者方式存在。因此,自然化认识论,在学科角度,就是哲学、科学和语言学三位一体的认识模型(a trichotomic model of philosophy,science and linguistics)。在语言学领域,三者的关系就是:语言是研究对象;哲学是研究目的;科学是研究手段。在这个关系当中,语言学提供意义或者理论的外在表述,因此研究语言就等同于研究真实的思维结构①;而后者是哲学领域认识对象,也就是人类的思维本质或者人的本质;科学是研究方法,借助语言这个工具对思维本质所获得的结论进行溯源和验证,能够证实或者证伪。

————————

① 排除言不由衷的情况。

　　事实上,自然化语言认识观点建立在"自然主义"这个前提下,一切皆以人类思维以及客观世界物质有效性(materialistic validity)为基础。承认物质有效性,才能够合理化认识主体的认识过程和行为,确定这样的过程是真实存在的。存在是客观性的前提,用来证明怀疑论所假想的幻觉或者梦境的不合理性。自然主义所规划的存在有效性(existential validity),不仅包括人们感觉器官以及这些器官所探测到的周围环境的有效性,同时也包括心理世界的物质有效性,构建的是物理现实主义和心理现实主义的集合体。总之,不论是具象的客观存在,还是抽象的心理存在,在自然主义框架内,皆为不同的表现方式,在感知度上具有差别性,但是在存在意义上没有任何区别。同理,具体到语言学领域,不论是反映客观世界的物理性语词或者命题,如:

　　a.北极熊(语词)

　　b.鲸是哺乳动物(命题)

还是反映精神世界的语词和命题,如:

　　a.独角兽(语词)

　　b.来自火星的政治家们将和地球上的同行探讨维持太阳系和平问题(命题)

均是意义有效性的实际例子,要么反映客观世界的真实存在,要么反映思维的本质存在。

　　物质和精神的有效性,也就是物理和心理现实主义,在"自然主义"前提下,是语言学统一理论的思想基础。因此,语言学中的自然主义思想,正像在哲学中一样,是先验思想、唯理思想和经验思想的集合体。三种思想把语言放到了心理和社会①以外的范畴,也就是超越二者的自然范畴。自然是一个更加广义的领域,因此语言不仅是社会和心理产物(the product of mind and society alike),也是自然产物(the product of nature also)。由此,在语言学认识角度,先验主义、唯理主义和经验主义三位一体的认识模式上可以加上自然主义这一维度,就构成了先验主义、唯理主义、经验主义和自然主义四位一体的语言学认识体系(a quadrilateral model of linguistic epistemology)。这个改进模

---

　　① 语言所理解的维度。

型前提是自然主义与其他三个主义处于等价地位,均可以作为语言认识或者语言习得的判断依据。这样,结合先验主义、唯理主义和经验主义三者的关系,首尾两端是对立的,需依赖唯理主义进行平衡。在新的四位一体的模式下,先验主义和经验主义不仅依赖唯理主义进行平衡,也依赖相比唯理主义内涵更加宽泛的自然主义进行平衡。唯理主义暗示语言有先天的因素,也有后天习得的因素,而本身蕴含在自然主义这个方法论中,可以在自然主义框架内加以理解,如图19所示。

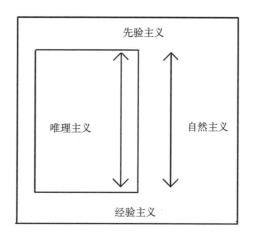

图 19　语言认识论四位一体模型

在图 18 中,唯理主义处在小方框内,用以平衡极端的先验主义和经验主义,而本身蕴含在大方框内自然主义这一一般性的概念中。

四位一体的语言认识观点是平行模型,是假定自然主义属于与其他三种认识观点并列的语言认识依据;而反过来,自然主义也可以是一个上位范畴(a superordinate term),是三位一体模式所存在的学术语境,因此"自然主义"可以作为一个归纳性术语(a cover term)使用。在这一条件下,又回到了乔姆斯基语言自然主义思想,规定语言是"自然客体",含有自然语境下的一切信息,不管是物理性的还是心理性的。作为自然客体,语言是乔姆斯基所理解的生物特性,镶嵌到了人们的头脑中,因此自然主义就等同于科学意义上的生物自然主义,与"演化"(evolution)和"基因"(gene)这样的观念发生联系,是语言先验性在自然主义体系内的体现;反过来,在奎因体系内,自然主义是语言经验主义的具体表现,等同于社会或者心理自然主义,与"刺激"(stimulus)或者"行为"(behaviour)这样的概念有关;而唯理主义作为方法论自然主义(methodological naturalism),可以很好地作为生物自然主义以及心理社会自然主义的表述工具,借用"数学"(mathematics)或者"逻辑"(logic)这样的手段。最后,无论是先验主义、经验主义,还是唯理主义,都统一到了自然主义这个核心概念中,如图 20 所示。

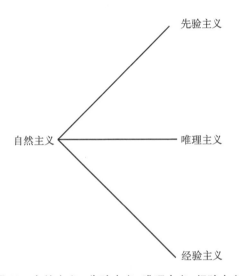

图 20　自然主义=先验主义+唯理主义+经验主义

　　根据图 20,作为结语,语言认识论建立在自然主义这个核心概念上,也就是说,狭义上语言是社会和心智产物,广义上语言是自然产物;而在方法上,语言是数理逻辑的产物。

参考文献

一、中文

（一）专著

[1]陈波:《奎因哲学研究:从逻辑和语言的观点看》,生活·读书·新知三联书店 1998 年版。

[2]涂纪亮:《现代欧洲大陆语言哲学》,中国社会科学出版社 1994 年版。

[3][美]唐纳德·戴维森:《对真理与解释的探究》,牟博、江怡译,中国人民大学出版社 2007 年版。

[4][日]丹治信春:《蒯因——整体论哲学》,张明国、湛贵成译,河北教育出版社 2001 年版。

[5][德]艾德蒙德·胡塞尔:《哲学作为严格的科学》,倪梁康译,商务印书馆 1998 年版。

（二）论文

[1]柴生秦:《论奎因对分析命题与综合命题区分的批评》,《西北大学学报(哲学社会科学版)》1995 年第 2 期。

[2]陈波:《蒯因的本体论》,《晋阳学刊》1996 年第 3 期。

[3]陈波:《蒯因的"两个教条"批判及其影响》,《首都师范大学学报(社会科学版)》2000 年第 3 期。

[4]陈晓华、穆彦君:《克里普克信念之谜的认知解读》,《自然辩证法研究》2010 年第 10 期。

[5]董华、刘敏:《如何描绘科学——齐曼自然主义立场的语言学视角社会科学研究》,《社会科学研究》2006 年第 5 期。

[6]郭贵春:《奎因的自然主义与科学实在论》,《自然辩证法通讯》1997

年第 4 期。

[7]胡朋志:《论乔姆斯基方法论的自然主义》,《科学技术哲学研究》2011 年第 3 期。

[8]胡朋志:《心灵的自然化之路——兼论乔姆斯基的自然主义思想》,《自然辩证法研究》2011 年第 11 期。

[9]江秀乐、权文涛:《奎因的"经验论批判"与"语义上溯对科学哲学的重构"——从规范主义到自然主义》,《自然辩证法研究》2008 年第 4 期。

[10]李春霞:《对可靠性的追寻——逻辑实证主义经验困境》,《理论探究》2010 年第 5 期。

[11]李可胜:《生成语言学公理演义思想》,《中国社会科学院研究生院学报》2011 年第 4 期。

[12]李侠:《历史视野中自然主义与自然化认识论的演化与嬗变》,《学海》2006 年第 2 期。

[13]李玉才、戴卫平:《乔姆斯基的"语言学是自然科学"刍议》,《广西社会科学》2008 年第 5 期。

[14]林允清:《乔姆斯基的语言自然观剖析》,《北京航空航天大学学报》2010 年第 1 期。

[15]龙小平:《论分析命题和综合命题——从奎因到克里普克》,《自然辩证法研究》2006 年第 11 期。

[16]马明辉:《论奎因的逻辑论题》,《世界哲学》2015 年第 51 期。

[17]梅剑华:《对奎因翻译不确定性再思考》,《哲学动态》2011 年第 1 期。

[18]孙冠臣:《奎因彻底翻译的不确定性论题》,《世界哲学》2006 年第 1 期。

[19]汤新红:《论奎因对分析—综合的批判》,《自然辩证法研究》2008 年第 10 期。

[20]王广成:《从约束原则看生成语法对自然语言的共性研究》,《外语学刊》2002 年第 3 期。

[21]吴刚:《Chomsky 的〈语言与自然〉述评》,《现代外语》1998 年第

4 期。

[22]武冬艳:《自然语言生成的哲学探索——论语言的生物性、语言与心脑关系以及语言生成机制》,《外语学刊》2012 年第 2 期。

[23]武光军:《奎因的翻译哲学研究》,《外语教学理论与实践》2012 年第 1 期。

[24]徐青:《自然主义语言学概说》,《湖州师专学院学报》1986 年第 4 期。

[25]曾庆福:《论分析命题与综合命题的逻辑性质——从奎因对分析命题与综合命题之区分的批判谈起》,《云南社会科学》2006 年第 2 期。

[26]朱凤青:《奎因整体意义观分析》,《哈尔滨工业大学学报(社会科学版)》2003 年第 4 期。

二、英文

(一)专著

[1]Armstrong,D.,*A Materialist Theory of the Mind*,London：Routledge,1968.

[2]Berkeley,G.,*Principles of Human Knowledge*,London：Penguin,2004.

[3]Bernstein,Richard J.,*Beyond Objectivism and Relativism*,Philadelphia：University of Pennsylvania Press,1985.

[4]Broad,C.D.,*The Mind and Its Place in Nature*,London：Routledge,1925.

[5]Chisholm,R.,*The Foundations of Knowing*,Minneapolis：University of Minnesota Press,1982.

[6]Chisholm,R.,*Theory of Knowledge*,NJ：Prentice-Hall,1966.

[7]Chomsky,N.,*On Nature and Language*,Peking：Peking University Press,1981.

[8]Chomsky,N.,*Language and Thought*,London：Moyer Bell Ltd.,1993.

[9]Chomsky,N.,*Knowledge of Language：Its Nature,Origins and Use*,Peking：Foreign Language and Research Press,2001.

[10]Dancy,J.,*An Introduction to Contemporary Epistemology*(Second Edition),John Wiley and Sons,1991.

［11］Dummet, M., *Philosophy of Language*, London: Duckworth and Cambridge MA: Harvard University Press(1st ed. 1973; 2nd ed. 1981a).

［12］Ellis, B., *Truth and Objectivity*, Oxford: Blackwell, 1990.

［13］Engel, P., *The Norm of Truth*, Toronto: Toronto University Press, 1991.

［14］Fauconnier, G., *Mental Space: Aspects of Meaning Construction*, Cambridge: Cambridge University Press, 2008.

［15］Friedman, M., *Physicalism and the Indeterminacy of Translation*, Oxford: Blackwell, 1975.

［16］Gellner, E., *Relativism and the Social Sciences*, Cambridge: Cambridge University Press, 1985.

［17］Gregory, P., *Quine's Naturalism*, New York: Continuous International Publishing Group, 2008.

［18］Horwich, P., *Meaning*, Oxford: Oxford University Press, 2000.

［19］Hylton, P., *Quine*, New York: Routledge, 2007.

［20］Kappel, K., *Naturalistic Epistemology*, London and New York: Routledge, 2011.

［21］Karl, P., *Brain and Perception*, NJ: Lawrence Erlbaum, 1990.

［22］Karl, P., *Languages of the Brain*, NJ: Prentice Hall, 1971.

［23］Katz, J., *Language and Other Abstract Objects*, NJ: Rowman and Littlefield, 1981.

［24］Kim, J., *Mind in a Physical World*, Cambridge: Cambridge University Press, 1998.

［25］Kosslyn, S., Rosenburg, Robin S., *Fundamentals of Psychology*, Pearson Education, Inc, 2003.

［26］Kripke, S., *Naming and Necessity*, Cambridge, MA: Harvard University Press, 1980.

［27］Kusch, M., *Psychologism: A Case Study in the Sociology of Philosophical Knowledge*, London: Routledge, 1995.

［28］Langacker, Ronald W., *Foundations of Cognitive Grammar (I, II)*, Peking: Peking University Press, 2004.

[29]Levinson,Stephen C.,*Space in Language and Cognition*:*Explorations in Cognitive Diversity*,Cambridge:Cambridge University Press,2008.

[30]Lycan,W.,*Consciousness and Experience*,Cambridge:MIT Press,1996.

[31] Lycan, W., *Judgement and Justification*, Cambridge: Cambridge University Press,1988.

[32]Ogden,C.K.,Richards,I.A.,*The Meaning of Meaning*:*A Study of the Influence of Language Upon Thought and of the Science of Symbolism*,London:Routledge & Kegan Paul,1923.

[33]Pollock,J.,*Contemporary Theories of Knowledge*,NJ:Rowman and Littlefield,1986.

[34] Putnam, H., *Renewing Philosophy*, Cambridge: Harvard University Press,1992.

[35]Preyer,G.,Siebelt,F.A.,*Language*,*Mind and Epistemology*, Dordrecht:Kluwer Academic Publishers,1994.

[36] Quine, W., *Word and Object*, Cambridge: Cambridge University Press,1960.

[37] Quine, W., *Ontological Relativity and Other Essays*, New York:Columbia University Press,1969.

[38]Quine,W.,*The Roots of Reference*,Illinois:Open Court,1974.

[39]Quine,W.,*The Ways of Paradox and Other Essays*,Cambridge:Harvard University Press,1976.

[40]Russell,B.,*An Inquiry into Meaning and Truth*,Nottingham:Spokesman Books,1940.

[41]Sperber,D.,Wilson,D.,*Relevance*:*Communication and Cognition*,Cambridge:Harvard University Press,1986.

[42]Schlick,M.,"*Foundations of Knowledge*" in *Logical Positivim*,London:Greenwood Press,1978.

[43] Steup, Matthias., *An Introduction to Contemporary Epistemology*, NJ:Prentice-Hall,1996.

［44］Tarski, A., *Introduction to Logic*, Oxford: University Press, 1965.

［45］Taylor, John R., L*inguistic Categorization: Prototypes in Linguistic Theory*, Peking: Foreign Language Teaching and Research Press, 2001.

［46］Whorf, Benjamin L., *Language, Thought and Reality*, Cambridge: MIT Press, 1956.

［47］Wittgenstein, Ludwig Josef J., *Tractatus Logico-Philosophicus*, London: Routledge, 1975.

［48］Yolton, R., *Thinking Matter*, Minneapolis: University of Minnesota Press, 1983.

（二）论文

［1］Chomsky, N., "Review of Verbal Behavior by B F Skinner", *Language*, No. 35, 1959, pp. 26-58.

［2］Cohen, S., "Contextualist Solutions to Epistemological Problems: Skepticism, Gettier, and the Lottery", *Australasian Journal of Philosophy*, No. 15, 1998, pp. 213-219.

［3］Davidson, D., "Truth and Meaning", *Synthese*, Vol. 17, No. 3, 1967, pp. 304-323.

［4］Dicoch, S., "On Logic and Reason", *Philosophy and Cognitive Science*, Vol. 2, 1993, pp. 1-18.

［5］Dowell, J. L., "Physical: Empirical not Metaphysical", *Philosophical Studies*, No. 131, 2006, pp. 25-60.

［6］Firth, R., "Radical Empiricism and Perceptual Relativity", *Philosophical Review*, No. 3, 1950, pp. 319-331.

［7］Giere, R., "Philosophy of Science Naturalized", *Philosophy of Science*, No. 3, 1985, pp. 331-356.

［8］Javid, M., "Epistemological Naturalism and the Normativity Objection or from Normativity to Constitutivity", *Erkenntnis*, No. 1, 2004, pp. 35-49.

［9］Quine, W., "Two Dogmas of Empiricism", *Philosophical Review*, Vol. 60, 1965, pp. 20-43.

[10] Quine, W., "Structure and Nature", *The Journal of Philosophy*, No. 89, 1992, pp. 5–9.

[11] Quine, W., "In Praise of Observation Sentences", *The Journal of Philosophy*, No. 60, 1993, pp. 107–116.

三、其他

[1] Auch, A., " 'Show Me How You Do That Trick' ": Reconciling Linguistic Naturalism and Normativism(PhD), Dalhousie, 2012.

[2] Baldwin, T R., "Two Types of Naturalism in British Academy Proceedings of the British Academy", Oxford: Oxford University Press, 1993.

[3] Chomsky, N., "Naturalism and Dualism in the Study of Language and Mind" in New Horizons in the Study of Language and Mind, Peking: Foreign Language Teaching and Research Press, 2002.

[4] Constant, D., "Frege's Anti-Psychologism and the Problem of the Objectivity of Knowledge" in Junior Visiting Fellows'Conferences, 2003.

[5] Quine, W., "Confessions of a Confirmed Extensionalist and other Other Essays", Cambridge: Harvard University Press, 2008.

责任编辑：刘海静

责任校对：张红霞

图书在版编目（CIP）数据

奎因语言哲学思想研究:自然主义视角/陈劲松 著. —北京:人民出版社，
　2022.4
ISBN 978－7－01－024558－4

Ⅰ.①奎⋯　Ⅱ.①陈⋯　Ⅲ.①奎因(Quine,Willard Van Orman 1908－2000)－
语言哲学-哲学思想-研究　Ⅳ.①B712.59②H0

中国版本图书馆 CIP 数据核字（2022）第 029857 号

奎因语言哲学思想研究:自然主义视角
KUIYIN YUYAN ZHEXUE SIXIANG YANJIU:ZIRAN ZHUYI SHIJIAO

陈劲松　著

人 民 出 版 社　出版发行
（100706　北京市东城区隆福寺街 99 号）

中煤(北京)印务有限公司印刷　新华书店经销

2022 年 4 月第 1 版　2022 年 4 月北京第 1 次印刷
开本:710 毫米×1000 毫米 1/16　印张:12.25
字数:201 千字

ISBN 978－7－01－024558－4　定价:68.00 元

邮购地址 100706　北京市东城区隆福寺街 99 号
人民东方图书销售中心　电话 (010)65250042　65289539